VIVIENDO PARA LA GLORIA DE DIOS

Replantear nuestra relación con Dios

BOB SJOGREN & GERALD ROBISON

CENTRO DE LITERATURA CRISTIANA
en países de habla hispana

CLC Colombia®
Diagonal 61D Bis # 24 - 50
Tel. (57) 1 310 46 41
WhatsApp: +57 315 545 7698
mercadeo@clccolombia.com
www.clccolombia.com
Bogotá, D.C. - Colombia

CLC Chile
Amunátegui 57
Tel: (56) 2 2696 7786
amunategui@clcchile.com
www.clcchile.com
Santiago – Chile

CLC Ecuador
Av. Prensa # 42 - 138 Sector la Y
Telefax: (593) 023 520 091
WhatsApp: +593 98 652 3751
libreria1@clcecuador.com
www.clcecuador.com
Quito – Ecuador

CLC México
Calle 15 # 7B, Moctezuma 1era Secc,
Venustiano Carranza CP 15500, CDMX
Tels: 552603-2588 / 552603-7451
WhatsApp: 55 7225 1030 / 55 2240 9356
directora@clc-mexico.com
gerentecomercial@clc-mexico.com
www.clc-mexico.com

CLC Panamá
P.H. Plaza Doral Local #6 frente a Galerías
Obarrio, Vía España
Tel: (507) 229 81 00
WhatsApp: +507 6981 8101
ventas@clcpanama.net
www.clclibros.com
Panamá – República de Panamá

CLC Perú
Jirón Pachitea 264 Cercado de Lima
Tel: (51) 924 118 877
WhatsApp: +51 924 118 105
contacto@libreriaclcperu.com
www.libreriaclcperu.com
Lima – Perú

CLC Uruguay
Avenida Uruguay 1424
Telefax: (598) 290 80016
WhatsApp: +598 917 44 081
libros@clcuruguay.com
www.clcuruguay.com
Montevideo - Uruguay

CLC Venezuela
Av. Henry Ford C.C Unicenter Galpón # 1
WhatsApp: +58 424 728 6674
contacto@clcvenezuela.com
www.clcvenezuela.com
Valencia – Venezuela

EDITORIAL CLC
Diagonal 61D Bis No. 24-50
Bogotá, D.C., Colombia
editorial@clccolombia.com
www.clccolombia.com

ISBN: 978-958-5163-07-2

Edición final y Diseño Técnico: Editorial CLC Colombia

Impreso en Colombia — Printed in Colombia

Somos miembros de la Red Letraviva: www.letraviva.com

PRÓLOGO A LA 2ª EDICIÓN

El libro "Viviendo para la Gloria de Dios" (antes conocido como Teología de Perros y Gatos) es una obra magnífica escrita por dos hombres que conocen profundamente a Dios y que anhelan en su corazón que todos los hijos de Dios, —los que hemos creído en Jesús como el salvador y señor de nuestras vidas y lo seguimos fielmente—, podamos tener una claridad exacta de lo que significa la gloria de Dios y lo que implica el que hayamos sido creados para Su gloria.

La sencillez con la que sus autores presentan esta profunda verdad es muy amena y permite que toda persona pueda entenderla fácilmente. Sin embargo, puesto que esta obra fue escrita originalmente en inglés, y maneja muchos ejemplos y comparaciones que son fácilmente entendidos en el contexto anglosajón, al traducirla y ponerla en las manos de los latinoamericanos no ha tenido la misma acogida, y por el contrario, para nuestra cultura, hablar de una "teología" que por supuesto tiene que ver con el estudio o tratado de Dios, el Dios supremo y altísimo, y contraponer esta palabra junto a las palabras "perros y gatos", que tienen que ver con las sencillas mascotas callejeras, la mayoría de las veces, ya que en nuestros países los perros y los gatos son animales muy comunes que normalmente se encuentran a montón por doquier, que muchas veces se ven sucios y famélicos, y no representan mayor atractivo para este contexto, y en cierto modo traen a la mente una connotación despectiva y populachera.

Esta idiosincrasia ha hecho que esta hermosa obra no haya tenido la acogida que esperábamos, ni generado el respeto que se merece, lo cual hizo que nos replanteáramos cómo podíamos lograr que los pastores y líderes latinoamericanos pudieran darse el tiempo de conocer y desear leer su valioso contenido y lo que es mejor, entenderlo y apropiarlo para lograr un gran crecimiento y madurez espiritual en sus congregaciones en una forma absolutamente natural al reconocer la verdadera razón de ser del creyente y de la Iglesia.

Dado que el ministerio *UnveilinGlory*, dueño de esta obra, es todo un movimiento que debe ser reconocido y apropiado por la Iglesia de Cristo en todo el mundo, hemos querido reeditar el título mostrando en él su verdadero contenido doctrinal en un esfuerzo por lograr que los lectores comprendan el verdadero sentido de lo que significa la teología del perro y del gato, que es como jocosamente sus autores han querido acercarse a su público. Este libro permite que podamos entender la gloria de Dios y desear vivir para Su gloria y majestad, al comprender la comparación, tan sencilla pero cierta, que hacen ellos con estos dos animales.

El contenido del libro es igual en su parte interior; incluso hemos dejado la imagen del perro y del gato que la obra tiene en su escrito original del inglés en cada capítulo, para que en alguna manera los lectores puedan identificar el sentido que los autores quieren mostrar al hacer esta interesante comparación con la Iglesia de hoy y reconocer que se trata del libro cuyo título en la primera edición se presentó como Teología de Perros y Gatos.

Los Editores

INDICE

PRÓLOGO

A medida que lee este libro, tenga presente que la información contenida en él está disponible en nuestros seminarios que se llevan a cabo en muchos países alrededor del mundo.

UnveilinGLORY, un ministerio de ACMC (iglesias que avanzan en la Gran Comisión), tiene hombres y mujeres entrenados y listos para visitar iglesias y enseñar la teología basada en una analogía sobre los perros y los gatos.

Considere invitarlos a su iglesia. Sería una excelente manera de ayudar a que su congregación deje de pensar como los gatos y comience a vivir y a pensar ¡para la Gloria de Dios!

Para más información, visite nuestra página Web
https://catanddogtheology.com/

INTRODUCCIÓN

Cuando Debby y yo (Bob) vivíamos en Phoenix, Arizona, cortar el césped del frente de nuestra casa no nos tomaba más de diez minutos de principio a fin, ¡y eso incluía rastrillarlo también! Nuestro espacio era tan reducido, que nunca tuvimos un perro. Pero cuando nos enteramos de que nos mudaríamos a Richmond, Virginia, les prometimos a nuestros cuatro hijos que tendríamos ambos: un perro y un gato. ¡Y cumplimos nuestra promesa!

Amamos a nuestro perro y a nuestro gato.

Nuestra perra *Jasmine* es de color blanco y está enrazada de labrador. La rescatamos de una perrera, y llegó a ser parte de la familia. Le gusta correr en el césped y también es parte del comité oficial de bienvenida cuando nos ve bajar del carro.

Después de tener a *Jasmine*, un día estábamos de camino a la clase de piano cuando vimos un letrero de gatos al lado de la carretera... Bueno, ahora tenemos también un gato: *Simba*, quien se ganó nuestro corazón. A *Simba* le gusta dormir en las sillas de la cocina y pueden encontrarlo por la noche en nuestras camas...

Pero hemos notado que los perros y los gatos son muy diferentes.

Cada vez que llego a casa, *Jasmine* salta de su casita y corre hacia el carro paseándose alrededor, como parte de la comitiva de recepción. Corre al lado del carro hasta que éste se detiene. Entonces empieza a ladrar para que abra la puerta. Cuando la abro, pone sus patas delanteras en el carro para que yo empiece a rascar detrás de sus orejas. Cuando hago eso, su cola empieza a moverse febrilmente. Disfrutamos nuestros pequeños momentos juntos, y es evidente, para cualquiera que nos ve, que ¡compartimos un profundo vínculo de amor!

Cuando entro a mi casa y camino hacia el cuarto donde se encuentra el gato, no hay evidencia de su amor hacia mí. Le lanzo un fuerte beso, pero él no se da por enterado. De hecho, ni siquiera se mueve. Cualquier señal de reconocimiento se da sólo cuando viene hacia mí y «roza» mi pierna con su cabeza, lo cual es una forma de decir: «te tengo, amigo.» Pero después va y «roza» una silla (es mejor ser humilde, y reconocer que estoy relegado a la importancia de una silla en la vida de mi gato). Para mi gato todo lo que soy es solo eso, ¡un mueble de sangre caliente!

Realmente son muy diferentes el perro y el gato.

También hay una gran diferencia cuando quieren salir al patio. Cuando *Jazzy* corre a la puerta de la cocina y ladra, comunica así que quiere salir. Cuando la puerta se abre sale como un rayo. Cuando *Simba* quiere salir, se para en la ventana, contigua a la puerta de enfrente. Esa es la señal de que es tiempo de dejarlo salir. Así que voy a la puerta y enseguida la abro. ¿Qué hace Simba? Nada. Sólo se sienta allí y mira hacia afuera (sabiendo que tendré abierta la puerta). Después de mirar fijamente, mirará otro rato hacia adentro, como diciendo «¿Estoy realmente seguro de que quiero salir?» Mirará otra vez hacia afuera y ocasionalmente lamerá su pata. (Creo que está realizando alguna clase de táctica de vigilancia gatuna -no estoy seguro.)

Bien, la paciencia es una de mis áreas más fuertes, así que lo llamo hacia afuera, lanzándole algunos besos al aire, y espero un poco más. De nuevo, *Simba* mira afuera a través de la ventana y luego mira la puerta abierta, después va afuera y luego hacia adentro. Repetirá este proceso por algunos minutos. Finalmente, sin un sentido de urgencia, caminará cautelosamente hacia la puerta de entrada, y lentamente irá hacia la puerta de salida. Y en el proceso, con gran paciencia «rozará» la puerta.

Antes de tomar el paso final a su nuevo destino, se detiene y se sienta. Mirará hacia afuera, luego hacia adentro, luego hacia afuera, luego hacia adentro, y entonces me mirará.

Esto también se repetirá un par de veces. Todo ese tiempo he estado sosteniendo la puerta abierta y esperando. (Recuerde que la paciencia es una de mis áreas más fuertes.) Finalmente me siento tan frustrado que termino pateando el gato hacia afuera (¡amorosamente, por supuesto, porque mis hijos pueden estar mirándome!).

He oído que otros dicen, y afirmo que es verdad: los perros tienen amos, pero los gatos tienen empleados. Este es el por qué la humanidad tradicionalmente ha atribuido características como lealtad, servicio y fidelidad a los perros. Pero los gatos han adquirido rasgos de independencia y distanciamiento. Hay una broma sobre los gatos y perros que comunican sus diferencias perfectamente. El perro dice: «Me consientes, me alimentas, me proteges, me amas, debes ser Dios». El gato dice: «Me consientes, me alimentas, me proteges, me amas, debo ser Dios».

El observar y analizar estas diferencias entre gatos y perros, me hizo reflexionar y reconocer que este comportamiento de unos y otros es muy similar a como se vive hoy la vida y la teología cristiana.

Por tal razón, decidimos al escribir este libro, que lo llamaríamos «Teología del Perro» y «Teología del Gato». Y para sintetizar: Una teología de perros & gatos.

Lo s cristianos que actúan como el perro dicen: «Señor, me amas, me bendices abundantemente, diste tu vida por mí, debes ser Dios». En su mismo lugar los gatos dicen: «Señor, me amas, me bendices abundantemente, diste tu vida por mí, debo ser dios».

¿Notó esa «d» minúscula en dios? Por favor piense que los gatos o la gente con esta teología, realmente nunca diría: «debo ser Dios». Saben que sería política y bíblicamente incorrecto. Es por eso que la «Teología pura del Gato» nunca se ha enseñado abiertamente desde un púlpito. Nunca se ha cantado en una canción. Nunca se ha enseñado como seminario. Esto es porque, mientras los gatos nunca dicen: «debo ser Dios», si dicen:

«Todo es sobre mí» o « ¡Todo es sobre nosotros!» ¡Dios hizo todo esto para nosotros! ¡La vida se trata de nosotros!

«¡Debo ser no solo por quien Cristo murió, sino por quien vive también¡»

Nota de la editorial

En esta nueva edición del libro hemos considerado importante corregir el título para la versión hispana, debido a que en el contexto latinoamericano no es bien visto relacionar la teología (el tratado de Dios) con los perros o los gatos, ya que son animales muy comunes en nuestro contexto latino y esta comparación tiene una connotación peyorativa que ha detenido el fluir de esta importante obra.

Nuestro anhelo al renombrar el libro —cuyo título anterior era Teología de Perros & Gatos— es que el maravilloso contenido de la obra pueda ser debidamente captado y difundido entre los pastores, líderes y creyentes latinos y puedan ver la importante comparación que hacen los autores acerca del tipo de cristianismo que llegamos a desarrollar en nuestro caminar rumbo hacia la madurez espiritual. Replantear nuestra relación con Dios al comprender qué tipo de cristiano soy, es la meta final de los autores.

1

TEOLOGÍA DE PERROS Y GATOS

Obediencia, Gloria, y Bendiciones

A fin de comprender cómo difieren las Teologías del Perro y del Gato, necesitamos comprender que ambas requieren obediencia en sus vidas, pero de diferente manera. Los perros aprenden a obedecer a sus amos. Los gatos quieren que sus amos los obedezcan. Como dice la broma: los perros tienen amos, pero los gatos tienen empleados.

Teológicamente, los «perros» quieren obedecer a Dios, pero los «gatos» quieren que Dios los obedezca.

DeVern Fromke, en su excelente libro *Unto Full Stature (Hacia la estatura plena)*, dice de esta manera: «Hoy estamos segando una cosecha de conversiones centradas en los hombres porque estamos más preocupados por el hombre que por Dios.

. . . Estamos más interesados en Dios sirviendo al hombre que en el hombre sirviendo a Dios.»[1]

Podemos ver esta actitud reflejada en la vida de oración de los «Gatos». El enfoque está en sus vidas, sus necesidades, y en lo que quieren. Sus oraciones tienen mucho de *mí* y *mío*. (Nos referiremos más a este tema en capítulos posteriores).

En el libro *Orando como Jesús*, James Mulholland escribe, «En diciembre le pido a Santa Claus; el resto del año le pido a Dios. Mi preocupación principal es cómo hago para que Dios me dé lo que quiero. Mi deseo es manipular a Dios en lugar de conocerlo... La oración es sobre mí: Bendíceme, protégeme, cuídame.»[2]

Martín Lutero, un hombre usado por Dios para encender la llama de la más grande reforma en la historia del cristianismo, dijo, «La esencia del pecado es que el hombre se busca a sí mismo en todo, aún hasta en Dios».

Sí, los «gatos» están allí para ellos mismos. Y nunca lo dirían, pero si alguien o algo pudieran darles una mejor vida en lugar de seguir a Cristo, lo considerarían muy seriamente.

¿Por qué? Porque la prioridad en la vida de los «gatos» no es Dios, sino ellos mismos. Los «gatos» están en el cristianismo más por lo que puedan recibir, que por la oportunidad de irradiar la gloria del Rey de los cielos.

Los «perros» dicen: «es para la Gloria de Dios», y lo aprenden de Pablo en su carta a los romanos. En Romanos 15:8–9, Pablo habla sobre la muerte de Cristo y dice: «Pues os digo, que Cristo Jesús vino a ser siervo de los gentiles para mostrar la verdad de Dios, para confirmar las promesas hechas a los padres...»

Deténgase allí. Fíjese lo que está pasando aquí. Él está proclamando la razón del *porqué* Cristo vino a la tierra: para vivir una vida perfecta y una muerte dolorosa. Esta es una clave importante. ¿Cuál es la razón? Él dice: «para que los gentiles *no vayan al infierno*». (Probablemente se está refiriendo a la mayoría de los que leen el libro).

¡Incorrecto! Eso no es lo que dice el texto, pero ¡qué perfecto lugar para que Pablo lo haya dicho¡ Si eso no es lo que dijo Pablo, entonces ¿qué *dijo?* Él dijo, «para que los gentiles *puedan glorificar a Dios por su misericordia*» (énfasis agregado). Todos nosotros fuimos salvos por una razón: para que podamos glorificar a Dios por Su misericordia. Hay un propósito para nuestra salvación, y ese propósito no es solamente escapar del infierno o ser felices.

Si fuera sobre nosotros...

Los gatos se están perdiendo el bosque porque están enfocados en los árboles. Están tan enfocados en los fugaces vistazos de la creación cada día, que se están perdiendo el gran panorama. Piense en eso. Si usted fuera Dios y fuera a crear un medio ambiente para la humanidad, ¿no diseñaría todo para ellos? Cuando vemos alrededor, vemos que no está diseñado para nosotros; está diseñado para Dios. «Porque en él fueron creadas todas las cosas: las que hay en el cielo y las que hay en la tierra, visibles o invisibles, sean tronos, sean dominios, sean principados, sean potestades; todo fue creado por medio de él y *para* él» (Colosenses 1:16, énfasis agregado). ¡Él lo comparte con nosotros, pero es para Él!

Si fuera para nosotros, ¿Por qué Dios creó la tierra con tres cuartos de agua que la cubren? Piénselo. Los humanos ni siquiera podemos existir en tres cuartos de la superficie terrestre. Si Dios hizo este mundo para nosotros, ¿no fue lo bastante tonto para hacerlo de tal manera que ni siquiera pudiéramos existir en esas tres cuartas partes de la tierra? Dios no es tonto. ¡La tierra no es para nosotros, es para Él!

¿Y qué sobre todas las cosas que hay en las aguas? ¡Son para Él también! cuando usted saca un pez espada del agua sus colores son vivos, brillantes y hermosos, pero sólo duran 30 segundos, porque el sol los desvanece. La belleza del pez espada fue diseñada ¡para ser vista en el agua por Dios, no por nosotros! Su belleza es para Dios.

Si fuera sobre nosotros, ¿por qué hay sonidos que nuestros oídos no pueden escuchar mientras que los perros sí pueden oírlos? Si esta vida y creación fuera toda sobre nosotros, ¿por qué haría Dios eso? ¿Por qué Dios creó el águila con una vista mejor que la nuestra? ¡Eso no parece justo! ¿Por qué un potrillo puede caminar al nacer, y a los humanos nos toma nueve meses tan solo aprender a gatear? ¿No sabía Dios que teníamos lugares a donde ir, gente que ver, y cosas que hacer? (¡Sigo tratando de ponerlo al día!)

¿Por qué se desgastan nuestros cuerpos? ¿Por qué Dios nos diseñó para ser completamente dependientes de otros desde que nacemos, para después entrar en la flor de la vida durante la edad madura, y luego ver desgastados nuestros cuerpos y mentes cuando la vejez nos da la bienvenida? ¿Por qué Dios nos creó con la necesidad de dormir? ¿Sabía usted que la jirafa duerme solamente cinco minutos cada vez, un total de menos de dos horas al día? Dios pudo habernos creado así, pero no lo hizo. Escogió que pasáramos ocho horas en una postura horizontal, y que nos quedemos dormidos y ajenos al resto del mundo. « ¡Que pérdida de tiempo para nosotros que somos tan emprendedores..!»

¿Por qué hay galaxias que ni siquiera podemos ver? ¡Vamos Dios, eso no fue tan inteligente si todo fuera sobre nosotros y para nosotros! ¿Y por qué no podemos cambiar nuestra apariencia como el camaleón? Por qué no podemos decir: «quiero parecer africano. Quiero parecer asiático. Quiero parecer blanco. Quiero parecer latino», o «Señor sólo quiero un poco más de cabello».

¡Dios hizo la creación de acuerdo a Su gusto porque el universo entero no es para nosotros! ¡Es para Él, y lo hace todo porque le agrada! «Digno eres, Señor y Dios nuestro, de recibir la gloria, la honra y el poder, porque tú creaste todas las cosas, y *para tu agrado* fueron creadas y hechas» (Apocalipsis 4:11, nuestra traducción).

Vislumbres del Apocalipsis

Juan al vislumbrar el cielo y narrarlo en Apocalipsis 4, nos enseña algunas cosas muy humildes y desafiantes. Juan está viendo a los cuatro seres vivientes darle Gloria a Dios en el versículo 8. Y clamaban , «Santo, santo, santo es el Señor Dios Todopoderoso, el que era, el que es, y el que ha de venir» (Apocalipsis 4:8). ¿No hay referencia a los humanos? Ninguna.

¿Por qué los seres vivientes de Apocalipsis no nos mencionaron? La respuesta es simple: ¡están tan inmersos en la Gloria y las maravillas de Dios que no importa nada más! ¡Es todo sobre Dios y Su maravillosa majestad! (¿Por qué les iba a importar si existimos?) Cuando los ancianos ven que esto está pasando, se unen a ellos. Observe qué dicen:

> Y siempre que aquellos seres vivientes dan gloria y honra y acción de gracias al que está sentado en el trono, al que vive por los siglos de los siglos, los veinticuatro ancianos se postran delante del que está sentado en el trono, y adoran al que vive por los siglos de los siglos, y echan sus coronas delante del trono, diciendo: Digno eres, Señor y Dios nuestro, de recibir la gloria y el honor y el poder; porque tú creaste todas las cosas, y por tu voluntad existen y fueron creadas.» (Apocalipsis 4:9–11)

La frase «por tu voluntad existen y fueron creadas» puede ser fácilmente traducida «para tu agrado existen y fueron creadas».

¡Todo lo que Dios creó, lo creó para Su agrado! ¿Sabe lo que eso significa? Significa lo siguiente:

- ❖ Los perros escuchan sonidos que nuestros oídos no pueden, porque a Él le agrada.
- ❖ La mayor parte de la tierra está cubierta con agua, porque le agrada al Creador.
- ❖ Las águilas tienen mejor vista que los humanos, porque eso produce una sonrisa en la cara de Dios.
- ❖ El potrillo camina al nacer mientras que los humanos apenas pueden gatear a los nueve meses, porque Dios así lo quiere.
- ❖ Nuestros cuerpos se desgastan porque nos fuerzan a poner nuestra esperanza en Dios, el único que es digno de gloria.
- ❖ Dormimos para recordar que no somos Dios, quien no tiene sueño, ni duerme jamás.
- ❖ Las galaxias existen en asombroso esplendor para agradar a Aquel que las creó y les puso nombre.
- ❖ No podemos cambiar nuestra apariencia, porque si pudiéramos, quedaríamos atrapados en nosotros mis-

mos y nos olvidaríamos totalmente de Aquel quien es digno de gloria, honor y alabanza.

La vida no es sobre nosotros. ¡Es sobre Dios!

2

DIFERENCIAS FUNDAMENTALES ENTRE «PERROS» Y «GATOS»

Hace muchos años, pastoreé una iglesia en Australia. Sharon y yo estuvimos el tiempo suficiente para que la gente supiera algunas cosas sobre nosotros. Dos cosas sobre mí, resaltaron para una pareja de la iglesia en particular. Sabían que no me gustaban algunos vegetales, y que tenía gran sentido del humor. Aprendieron que no sólo podía compartir mi buen humor con libertad ¡sino que también podía recibirlo libremente!

Una noche estábamos cenando con esta pareja. La esposa había preparado uno de mis postres australianos favoritos, Pavlova. Para aquellos que no están familiarizados con este maravilloso manjar, Pavlova es como un delicioso pastel (merengón) con mucho merengue por fuera.

Después de una maravillosa cena, nuestros anfitriones trajeron café y el postre. Cuando lo vi, mis ojos se abrieron.

¡Pavlova! No podía esperar a dar la primera mordida. Mientras estaba entretenido en la conversación con su esposo, ella cortó una rebanada y la puso en mi plato.

Cuando encajé mi tenedor en el postre, noté algunas cosas pequeñas y duras pero estaba muy entretenido para ponerles atención. Noté que la pareja me estaba mirando, pero yo también tenía puesta mi atención en ellos. Después de poner el pedazo de pastel en mi boca, rápidamente me di cuenta por qué me miraban fijamente. ¡Nuestra anfitriona había puesto coliflor en medio del postre blanco!

Ese Pavlova, hoy es una perfecta analogía sobre los cristianos gatos y perros en la iglesia. Es muy difícil percibir las diferencias exteriores entre unos y otros ¿Por qué? Porque por fuera, los cristianos gatos y perros se parecen —puedo decirlo mirando quién es quién. Ambos han invitado a Cristo a sus vidas. Ambos van a la iglesia. Ambos oran. Ambos tienen tiempo de meditación. Ambos hacen más o menos lo mismo exteriormente. Pero en el interior hay una actitud enteramente diferente. Uno dice, «Todo gira alrededor de mí,» y el otro dice, «Todo el universo gira alrededor de Dios».

Dos Caminos al Cielo

En nuestras iglesias, una diferencia visible entre la gente con la Teología del Gato y la gente con la Teología del Perro es saber qué los motiva a ir al cielo. «Perros» y «gatos» van al cielo con motivaciones muy diferentes. Aunque sabemos que sólo hay un Camino al cielo, hay diferentes razones para querer ir allá.

Los «gatos» lo ven como la opción de caminar o correr lejos del infierno. Si el infierno está lejos a la derecha, y el cielo está lejos a la izquierda, los gatos se pasan moviendo de derecha a izquierda (en su caminar al cielo); pero, están caminando al revés, enfocados en huirle al infierno. Un gato dice, «No quiero ir al infierno. No quiero ir al infierno. No quiero ir al infierno».

Los «gatos» se dan cuenta de que para evitarlo pueden invitar a Cristo a sus vidas, así que inclinan sus cabezas y oran. Después con un poco de fe dicen: «Gloria a Dios, no vamos a ir al infierno». Cuando los «gatos» hacen eso, están enfocándose principalmente en ellos. Su enfoque está solamente en sus vidas. Solamente pueden ver unas pocas vislumbres de Cristo al echar un vistazo sobre sus hombros. Aunque no es un mal comienzo, se quedan cortos respecto a lo que Dios quiere.

Los «perros» quieren ir al cielo por diferentes razones. Los «perros» también se están moviendo lejos del infierno en su camino al cielo, yendo de derecha a izquierda, pero ellos caminan hacia adelante. El infierno está detrás de ellos. El cielo está en frente. Un perro dice: «He encontrado a alguien que no es solamente bello, es belleza; alguien que no solamente es poderoso, es todopoderoso; alguien que no solamente ama, es amor. Debo darle mi vida a Él».

La salvación de uno que practica la teología del perro se describe en Mateo 13:44: «El reino de los cielos es semejante a un tesoro escondido en un campo. El cual un hombre halla, y lo esconde de nuevo, y después *en su gozo va y vende todo lo que tiene y compra el campo*» (énfasis agregado).

Observe que el hombre primero encontró el tesoro, y *después* fue y vendió todo lo que tenía y compró el campo. Hizo todo esto en gozo. En su *gozo* vendió todo lo que tenía y compró el campo. ¿Por qué? Él había encontrado un tesoro que era más valioso que todas las cosas que poseía. Alegremente renunció a todas sus otras posesiones para obtener este gran tesoro.

Cuando enseñamos en los seminarios, siempre hacemos ésta pregunta, «¿Cuántos de ustedes conocen cristianos sin gozo?» La mayoría de las personas en la audiencia levantan la mano. Hemos descubierto una razón por la cual los cristianos no tienen gozo. Su salvación es básicamente un seguro contra incendios, y están caminando meramente lejos del infierno, enfocados en ellos mismos. Nunca han descubierto el tesoro. Piénselo. No hay gozo en caminar lejos del infierno. Alivio, sí. Gozo, no.

Garantía de la Salvación

La garantía de la salvación difiere entre «un gato» y «un perro». Muchos gatos piensan que son cristianos porque «hicieron la oración de fe». Una conversación con ellos sería más o menos así:

«Es cristiano, ¿verdad?»

«Oh sí», dice el gato. «Hice la oración de fe. Recuerdo que estaba en sexto grado. El pastor hizo la invitación, y algo me hizo salir de mi silla. Sabía que era Dios. Las lágrimas rodaban sobre mis mejillas. Caminé al frente y entregué mi vida a Cristo».

«¿Cómo está su vida ahora?»

«Oh, no muy bien», dice el gato con una voz titubeante y dolida. «Estoy pasando por un divorcio. Los niños se están llevando la peor parte. No quiero dañarlos, pero ya no puedo vivir con esa persona».

«Bien, ¿cómo está su tiempo devocional?»

«Umm, no tengo. Sé que debería tenerlo, pero, honestamente, estoy enojado contra Dios, incluso amargado».

«Pero, ¿es cristiano?»

«Oh sí, ¡hice mi decisión de fe!»

Esta obra de la salvación funciona de tal manera que cuando uno le pregunta a un gato, ¿es cristiano? Ellos dicen, «¡Sí, soy salvo!» ¿Qué están comunicando los gatos? Que el cristianismo trata sobre la salvación del infierno. Su enfoque del cristianismo es mantenerlos lejos del infierno, y que todo siga girando alrededor de sus vidas.

Los «perros» responden muy diferente cuando les pregunta si son cristianos. Una conversación con un perro sería más o menos así:

«¿Es cristiano?»

«Oh sí», dice el perro.

«¿Cómo lo sabe?»

«Oh, estoy apasionado por Cristo, y no quiero nada más que ver Su gloria brillar. Quiero verlo brillar en mi trabajo. Quiero verlo irradiar en mi casa, a través de mi familia, en cada área de mi vida y quiero verlo llegar a todas las naciones de la tierra.»

«¿Hizo la oración de fe?»

«La hice cuando era pequeño, pero no fue hasta la Universidad que comprendí que ¡Dios era maravilloso y asombroso y que voluntaria y gozosamente daría todo por agradarlo!»

Los gatos prueban su salvación por una oración que hicieron, y confían en eso para probar que son creyentes, lo cual pueden hacer muy bien. Los perros demuestran su salvación con el hecho de que están hambrientos de Dios, y quieren más y más de Él, para que brille a través de sus vidas. Estos deseos garantizan que son creyentes.

Oración

Los cristianos «gatos» y «perros» también ven la oración muy diferente. De hecho, ambos oran exactamente la misma oración pero con sentidos diferentes. Tome, por ejemplo, la oración, «Amado Señor, sólo te pedimos que bendigas nuestra iglesia».

Inmediatamente deberíamos poner banderas de advertencia. Los gatos sólo están orando por *su* iglesia y no por el gran Reino de Dios, ni por otras iglesias en su área, o por el mundo. En muchas iglesias, el enfoque siempre (y solamente) está en *su* iglesia. Pero aparte de eso, sus oraciones pueden ser diferentes. Recuerde exteriormente es difícil decir quién es «un perro» y quién es «un gato» en la iglesia. Es sólo en el interior donde podemos ver las diferencias.

Interiormente, esto es lo que un gato podría estar orando: «Padre, tú sabes que necesitamos un nuevo gimnasio para los jóvenes y nuestro estacionamiento está hasta el tope, estamos perdiendo gente (nuestros números están bajando); y, Dios, el órgano está viejo (no se diga la alfombra). Sólo te pedimos que pongas en el corazón de la gente rica de nuestra iglesia que ofrenden hasta que ya no puedan más, y así recibiremos Tus bendiciones».

Pero Dios podría estar oyendo algo muy diferente en la misma oración de un cristiano perro. Cuando un «perro» dice: «Amado Señor, te pedimos que bendigas nuestra iglesia», podría significar algo como esto: «Señor, danos sabiduría para alcanzar a la juventud de nuestra área, y dale a nuestra juventud hambre y la visión de llevar Tu gloria a otras naciones; y, Señor, muéstranos qué grupo de personas te agradaría que adoptáramos; Padre, también oramos por poder llegar a los barrios de la ciudad—vemos brillar muy poco Tu gloria en esa área; y hay tantas familias inmigrantes viviendo allí, enséñanos cómo alcanzarlos, para Tu gloria».

Los cristianos «gatos» básicamente están diciendo, «Amado Señor, venimos valientemente ante ti, a pedirte que nos ayudes a construir nuestro reino». Los «gatos» oran por las cosas que desean, las cosas que harán su vida más fácil y cómoda. Suena como, «Padre, por favor dame. . ., por favor permíteme. . ., por favor tráeme. . .»

Los cristianos «perros» también van valientemente delante de Dios, pero dicen: «Señor, estamos aquí con gran fe porque necesitamos cosas para engrandecer Tu reino. Queremos dar a conocer Tu nombre. Sabemos que contestarás nuestras oraciones».

Suena como, «Padre, permite que Tu gloria brille en esta enfermedad. Permite que Tu gloria brille en el trato que les doy a mis padres, mi esposa, y mis hijos. Padre, Tu gloria no está brillando en Sudáfrica, ni en todo África del Norte, ni en India, o Pakistán; entonces, Padre, te ruego que levantes obreros que lleven Tu gloria hasta lo último de la tierra».

John Piper se ha referido a la vida de oración de mucha gente (gatos) como un intercomunicador de casa, del cual la familia puede pedir algo desde la cocina. La oración es más que pedirle a Dios que «nos traiga algo desde la cocina». Sin embargo esa es la manera como los «gatos» oran todavía. Los «perros» usan la oración con el propósito de expandir el reino de Dios, no el suyo.

Una iglesia en Colorado, USA actuó según la Teología del Gato al tomar dinero del fondo de misiones (reino de Dios), causando que los misioneros no tuvieran apoyo económico, y gastando el dinero en un órgano nuevo (su reino). Habían orado tanto por éste, que irracionalmente dejaron a un lado la necesidad de las misiones y se enfocaron en ellos mismos. (Sobra decir que esta iglesia cerró sus puertas pocos años después).

¿Oran los cristianos «perros» siempre por bendiciones? Sí, pero no es su enfoque principal; es un enfoque secundario. Y cuando oran por ellos mismos, es usualmente para que tengan mayor impacto en la vida de otros. ¿Oran los «perros» siempre por carros bonitos y casas grandes? Sí, pero sólo cuando es una necesidad real, no cuando es meramente un deseo.

Alabanza

La alabanza también es diferente en los cristianos gatos y los que consideramos perros. En la teología de los gatos, los «gatos» alaban al Señor por lo que ha hecho por ellos. Suena como: «Gracias por todas las cosas grandiosas que has hecho por mí. Por tu provisión, por tu protección; me has dado eso, esto y más. ¡Gracias!»

No hay nada malo en eso, a menos que eso sea lo único en que están pensando. Es todo sobre usted, usted, usted.

Pero en la teología del perro, los «perros» alaban a Dios principalmente por quién es Él y en segundo lugar por lo que ha hecho por ellos. Suena como: «Oh Padre, eres un Dios asombroso. Eres misericordioso y justo. Tu creatividad es impresionante y tu esplendor es magnífico. Y Padre, eres un Dios de amor. ¡Amas a todos los seres humanos y quieres salvarlos: a los musulmanes, a los hindúes, a los budistas, y nos amas a nosotros también! Te honramos por todo lo que representas. ¡Que toda la gente te alabe por quien eres Tú!»

Se sorprendería de cuántas canciones reconocería que fueron escritas con la perspectiva teológica del gato. Así que muchas canciones de alabanza contienen los temas *yo*, y *mío.* Estas canciones se enfocan principalmente en lo que el adorador está recibiendo del Señor.

¿Son incorrectas estas canciones? No necesariamente. Depende de la perspectiva del adorador. Un cristiano gato y un cristiano perro pueden cantar la misma canción, pero con perspectivas totalmente diferentes. Un gato se enfoca en la gloria personal, mientras que un perro se enfoca en la gloria de Dios.

Un pastor escuchó el mensaje de la «Teología de Perros y Gatos» un domingo por la mañana. El lunes fue a su oficina para terminar un trabajo, encendió la radio y estaba escuchando música. Después de cinco minutos, estaba tan molesto particularmente con el disco compacto que estaba sonando— estaba tan lleno de la perspectiva del gato—que lo apagó. (¡Nos disculpamos si esto está arruinando la selección de su música favorita!) ¡Comprender estos conceptos sobre la teología del perro puede causarle que usted reconsidere su perspectiva acerca de todo en su vida!

Señorío

Veamos otra diferencia entre los principios de la teología del gato y del perro: *Señorío*. En la teología del gato, el señorío de Dios es muy limitado. Los «gatos» aman servir a Dios cuando es divertido. Saben que es bueno para su alma y que Dios se agrada de ello, pero cuando deja de ser divertido, dejan de llamarlo «Señor» y no lo sirven como deberían. Él es Señor mientras están siendo bendecidos.

No se niega el hecho de que los gatos quieren estar cerca de Dios. Quieren su Señorío, pero no quieren que interfiera con sus vidas. Cuando empieza a interferir, no es más su Señor. ¡Oh! Los «gatos» siguen jugando el juego del cristiano. Siguen yendo a la iglesia; siguen diciendo «gloria a Dios»; ¡pero en sus corazones, harán lo que sea más cómodo para sus vidas!

Por el contrario, los cristianos «perro», Él (Dios) tiene el completo señorío —a cualquier hora, en cualquier parte, en cualquier lugar. Los «perros» obedecen aun cuando no quieran, aunque eso signifique salir de su país. Los perros están muy conscientes de que cuando encuentren su tesoro, su valor será más importante para ellos que su propia vida o las cosas de la vida. Y cuando se les pide saltar, sólo preguntan qué tan alto. Obedecen de todo corazón. ¿Por qué? Porque han encontrado un tesoro en Dios, y están enfocados en agradarlo a Él.

Mitad de Dios

Aquí hay otra diferencia entre gatos y perros: los gatos sólo conocen «la mitad de Dios". ¿Qué significa esto? Ellos se enfocan en el amor de Dios, en Su misericordia y en Su gracia pero nunca en Su odio al pecado, Su ira, y Su juicio. Un «gato» no quiere reconocerlo, y por lo tanto no se enfoca en ello, ni en cualquier aspecto de Dios que haga su vida incómoda.

Tome algunos de estos aspectos no deseados. Por ejemplo, el juicio de Dios sobre el pecado.

Los «gatos» nunca pensarían en Dios, como juez. «Dios no me juzgaría. ¡Él me ama! ¡Él murió por mí! Él no me juzgaría". Por ejemplo los cristianos norteamericanos «gatos» no pueden comprender el pensamiento acerca de que Dios nos juzgará en algún momento. (¡Nunca lo dirían, pero casi piensan que Dios es norteamericano!) Están tan enfocados en el amor de Dios, que nunca han tomado tiempo para darse cuenta que Dios odia su pecado.

Como nación, Estados Unidos se ha estancado en la teología del gato. Si realmente se detiene y piensa en eso, básicamente le está comunicando a Dios los siguientes mensajes:

- Señor, no *Lo* queremos en nuestro gobierno; hemos separado la iglesia del Estado.
- Señor, no *Lo* queremos en nuestras escuelas; lo sentimos, los niños no pueden orar más allí públicamente.
- Señor, no *Lo* queremos en nuestras matrices; Su definición de vida y la nuestra son muy diferentes, y de cualquier manera, una mujer debe tener el derecho del elegir si dar a luz o abortar.

- Y, Señor, vamos a imprimir pornografía y a enviarla a todo el mundo, junto con nuestros programas de televisión que promueven un estilo de vida contrario a Su Palabra, porque, Señor, tenemos libertad de expresión.
- Pero, amado Señor, los terroristas están atacando; por favor bendícenos y protégenos.

¡Qué hipócritas! Cantar «Dios bendice Norteamérica» es una contradicción cuando *Lo* hemos sacado de nuestro gobierno, de nuestras escuelas, y de nuestras matrices; cuando somos los número uno en exportar pornografía y cuando hemos producido programas de televisión que apestan, con el estilo de vida que el Señor aborrece.

Como ve, los «gatos» quieren los beneficios (las bendiciones y la protección de Dios) pero ninguna de las responsabilidades (leyes de Dios). ¡Todo es para ellos!

Los cristianos «perros» están muy conscientes del hecho de que Dios juzga. Ellos vieron cómo juzgó a David cuando contó a sus hombres de guerra, y setenta mil murieron como resultado. (1 Crónicas 21:1–17). Saben que Dios juzgó a Moisés porque golpeó la roca, cuando se suponía que sólo debería haberle hablado (Números 20:9–12).

Los «perros» están conscientes de que Su Santidad no tolerará la desobediencia en aquellos que ama. Él juzga también a quienes ama. Los «perros» por ejemplo, vieron los ataques terroristas como un llamado amoroso de Dios a Norteamérica para levantarse, juzgando tan solo a 3 mil el 11 de septiembre d e 2 0 0 1 para que el resto de Norteamérica pudiera arrepentirse. Tal vez ahora es el tiempo para cambiar el canto «¡Dios, bendice Norteamérica!» por el de «¡Norteamérica, bendice a Dios!»

¿Le gustaría reconocer más diferencias?

Para los «gatos», el éxito se define por parámetros humanos: ¿Qué tan grande es nuestra iglesia? ¿Cuántos bautismos estamos teniendo por año? ¿Cuántos están asistiendo los domingos a la escuela dominical?

Los «perros» definen el éxito por las normas divinas. La pregunta no es, ¿Qué tan grande es nuestra iglesia? Sino, ¿La gente que estamos pastoreando en nuestra iglesia está obedeciendo y adorando al Señor?

Para los «gatos», el arrepentimiento está lejos, e involucra el amor propio. Para los «perros», el arrepentimiento es parte de la vida, e involucra la santidad.

Los «gatos» tienen hambre de ser entretenidos en la iglesia. Los «perros» tienen hambre de adorar a Dios y reflejar Su gloria.

Los «gatos» aman el conocimiento. Los concursos de conocimiento de la Biblia son divertidos. Pueden citar múltiples hechos de la Biblia, pero fallan en el área de la aplicación. Los «perros» aman aquello que los acerca más a Dios. Están más interesados en obedecer al Señor que en conocerlo simplemente.

Los «gatos» quieren el panorama completo antes de obedecer a Dios. Los «perros» están felices de obedecer lo poco que el Señor les da.

Los «gatos» creen que la iglesia está en paz. Los «perros» creen que la iglesia está en guerra.

Los «gatos» creen en la verdad relativa —cambia con el sentido del viento. Los «perros» creen en la verdad absoluta— nunca cambia para ellos.

Los «gatos» tienen la teología del «sentirse bien". Los «perros» tienen la teología de la «obediencia".

Los «gatos» disuaden a sus hijos de trabajar en el campo misionero. Los «perros» animan a sus hijos a trabajar en el campo misionero.

Los «gatos» no pueden imaginarse a un Dios amoroso enviando a cualquiera al infierno. Los «perros» saben que el infierno existe porque Dios es santo, justo y prometió juzgar el pecado.

Algunos «gatos» no podrían imaginarse por qué Dios enviaría a cualquiera a sufrir eternamente por un finito grupo de pecados. Los «perros» saben que el infierno es eterno porque la gloria infinita ha sido rechazada.

Los «gatos» ven a una familia de inmigrantes o desplazados mudarse al vecindario de ellos y piensan, «Hacia dónde va nuestro vecindario". Los «perros» lo ven como una oportunidad de revelar la gloria de Dios a gentes de otra cultura.

Los «gatos» quieren que los hijos les den la gloria a ellos. Los «perros» quieren que los hijos le den la gloria a Dios.

Los «gatos» ven un empleo como una forma de obtener riqueza. Los «perros» ven un empleo con el sentido de oportunidad para servir.

Los «gatos» piensan que Dios es un medio para el fin. Los «perros» piensan que *Dios es el fin*.

Las diferencias podrían seguir y seguir...

3

NO INCORRECTA, SOLO INCOMPLETA

Sharon y yo (Gerald) tenemos un inusual sentido del humor que ha seguido imperiosamente a través de nuestro matrimonio, y en años de preciosos recuerdos. Frecuentemente estamos diciendo chistes y haciendo bromas. (Está bien yo digo los chistes y hago las bromas, pero ella escucha y alegremente sufre el final).

Nuestros hábitos para dormir son diferentes. Ella es una persona diurna, y yo un noctámbulo. Yo me escabullo en la cama mucho después de que ella ya se ha dormido y me paso dando vueltas y haciendo pereza en las mañanas, también mucho después de que ella ha despertado. Pero trato de levantarme rápido y de arreglar la cama cuando me levanto, antes que ella llegue para hacerlo.

Un día ella debió darse cuenta de mi sonrisa suspicaz y preguntó qué pasaba. Yo solamente continué sonriendo sin decir nada. Ella siguió presionándome para que le dijera qué pasaba y en qué estaba pensando. Pero, de nuevo, sólo sonreí. Ella se mantuvo así hasta que me di por vencido y le dije: «Oh, nada, sólo alcé la cama por ti". Pero, creo que mi sonrisita socarrona la hizo sospechar.

«¿Que hiciste qué?» preguntó de nuevo.

«¡Nada sólo alcé la cama!» Respondí.

«¿Pusiste mal las sábanas?»

«No".

«Entonces, ¿qué hiciste?»

«Nada, únicamente alcé la cama".

«¿Robaste mi almohada?»

«No".

«¿Robaste el cobertor?»

«No".

«¿Qué *hiciste*?»

«¿Nada? Estás muy sospechoso". Nuevamente una sonrisa más suspicaz y maliciosa que la primera, se dibujó en mi rostro.

«Voy a subir a ver".

Ella subió a la recámara y una carcajada salió de su boca. ¿Ves? Alcé la cama, pero ¡sólo la mitad donde duermo! Allí estaba: un lado liso, pulcro y casi perfecto; y el otro revuelto, y lleno de arrugas.

Mi declaración, «alcé la cama», no era incorrecta, pero era incompleta. Solamente di una parte del panorama, lo cual era una distorsión de lo que realmente había sucedido.

En muchos de los programas de casos ante los tribunales que pasan por televisión, cuando una persona hace el juramento, se le pide decir: «sólo la verdad, toda la verdad, y nada más que la verdad". Esto —toda la verdad— provee una imagen correcta de algo.

La teología del gato no provee del todo, una correcta ni completa imagen de la Palabra de Dios, de Su voluntad, o de Su camino. La teología del gato no es incorrecta, pero es incompleta. Y al ser incompleta, es una distorsión de lo que Él quiere y de lo que tiene que decirnos.

Veamos cómo funciona esto en la vida cristiana.

Los «gatos» son salvos del infierno, pero su versión del evangelio termina allí. Una vez que son salvos, piensan «¡Aleluya! gloria a Dios, voy al cielo".

Pero, para los «perros», ser salvos es meramente un escalón en donde se encuentra el verdadero propósito de la vida y del evangelio. Los «perros» son salvos del infierno para *adorar*. Saben que su salvación es para un propósito singular: estar en la presencia de Dios y adorarlo. Y estos aprenden a hacerlo las veinticuatro horas del día, siete días a la semana.

Hay una gran diferencia entre ser salvos *de* algo y ser salvos *para* algo. Cuando usted es salvo de algo, el enfoque está en usted, en lo que *usted* obtiene de eso.

La salvación entonces en ese caso se refiere a que:

- ❖ Usted no va al infierno
- ❖ Usted no paga el castigo que merece
- ❖ Usted obtiene la misericordia de Dios

- ❖ Usted recibe la gracia de Dios
- ❖ Usted irá con Dios por toda la eternidad
- ❖ Usted tiene a Cristo preparándole un lugar en la mansión de Su Padre

Cuando usted es salvo *para* algo, el enfoque está en Dios, y ahora su salvación se encuentra en los siguientes términos y propósitos:

- ❖ Señalar la misericordia de Dios
- ❖ Adorarlo
- ❖ Darle la gloria que Él merece
- ❖ Levantar Su nombre en alto
- ❖ Exaltarlo por Su grandeza
- ❖ Cantar Su alabanza por siempre y para siempre

Entonces, ¿hay algo de malo en ser salvado *del* infierno? No, pero el problema es quedarse sólo allí. Esto por sí mismo es incompleto. La teología del gato habla solamente de ir al cielo.

La teología del perro incluye eso, pero va mucho más allá: El cielo es para irradiar y revelar la gloria de Dios.

Las Oraciones Incompletas del Gato

La teología incompleta del gato, puede salir en nuestras oraciones. Escuche esta oración: «Amado Señor, gracias por morir en la cruz por nuestros pecados. Amén".

¿Observó usted el punto después de «pecados»? Ese punto significa «completo; fin del pensamiento; está hecho". No hay indicación de *por qué* Él murió en la cruz por nuestros pecados, y por eso este tipo de oración implica que la salvación es sobre nosotros.

Cuando los «perros» escuchan esta oración, quieren gritar:

«¡Termina la oración!, ¡termina la oración! ¡Él murió en la cruz por nuestros pecados *para que* podamos honrarlo; para que podamos glorificarlo, y para que podamos señalar Su misericordia!» Pero los «gatos» sólo se preocupan por sus pecados, así que terminan la oración dando gracias porque sus pecados han sido perdonados y omiten la gran razón de por qué Cristo murió por ellos: «Y para que los gentiles glorifiquen a Dios por su misericordia» (Romanos 15).

Las Bendiciones Incompletas del Gato

La teología del gato tiene una incompleta visión de las bendiciones. Siempre habla de la sola bendición, sin ir más allá, a la razón de ésta. Dios nos bendice por una razón. Génesis 12 revela por qué Dios bendijo a Abraham (Abram).

> Y haré de ti una nación grande, y te bendeciré,
> Y engrandeceré tu nombre, *y serás bendición.*
> Bendeciré a los que te bendijeren,
> y a los que te maldijeren maldeciré;
> *Y serán benditas en ti todas las familias de la tierra*.
> (Génesis 12:2-3, énfasis agregado).

Dios bendijo a Abraham *para que* pudiera ser bendición, no sólo a los que lo rodeaban sino a todas las familias de la tierra. Dios nos bendice por la misma razón. Somos bendecidos para ser bendición. Dios desea que esas bendiciones fluyan por medio de nosotros a todas las regiones de la tierra.

Los «gatos» quieren recoger las bendiciones en una cubeta y guardarlas para ellos. Pero las bendiciones nunca fueron diseñadas para acumularse en una cubeta.

Los «perros» en cambio se ven a sí mismos como una manguera de riego, o como una tubería de agua, cuyo propósito es llenarse de agua y llevarla hacia algún lado; no como la llave que únicamente reparte bendiciones al abrirla. Los «perros» disfrutan las bendiciones, pero las comparten con otros.

Los «perros» saben que son sólo un conducto, o canal de bendiciones. Ellos comprenden que Dios tiene un plan para esas bendiciones que nos presenta. ¡Dios sabe a quién quiere bendecir *a través* de usted mañana, la próxima semana, el próximo año, y el resto de su vida! Él ve a otros a través de usted, y desea que otros lo vean a Él, a través suyo. Desea ser conocido de todo pueblo, lengua, tribu y nación. Esta es una de las razones principales por las que Dios quiere bendecirlo.

Pero los «gatos» se quedan cortos en la gran meta de ser bendición a otros, y eso deja incompleta la meta de Dios. A ellos les gusta quedarse con las bendiciones en lugar de compartirlas . Usted puede darse cuenta de este estado incompleto, en las lecciones que enseñamos sobre las Escrituras en la escuela dominical en las iglesias. Tome, por ejemplo a Daniel en el foso de los leones. ¿Qué lección aprendemos de ello? Dios cuidará de nosotros en tiempo de dificultades. Esta lección no es incorrecta, pero es incompleta. ¿Por qué? porque sólo se enfoca en lo que Dios hace por nosotros—en Su deseo de bendecirnos. ¡Pero se queda afuera la razón por la cual Dios nos bendice!

¿Usted recuerda la historia? El rey descubre quiénes son los chicos malos, y saca a Daniel del foso de los leones, y los echa de allí. Después escribe un memo desde su escritorio y lo envía a todos los reyes de la tierra, diciendo: «Ordeno que en todo el dominio de mi reino todos teman y tiemblen ante la presencia del Dios de Daniel» (Daniel 6:26). ¿Qué está pasando aquí? Ahí tiene a un rey gentil que está haciendo famoso a Dios, ante todos los otros reyes gentiles del mundo circundante.

Esta es otra lección que podemos aprender de Daniel en el foso de los leones: ¡si Dios cuida de usted, personas de diferentes países y culturas estarán tan impactados, que irán y contarán a otros en sus países sobre su Dios!

¿Cómo aplican los «perros» esta lección a sus vidas? Ellos enseñan que deberíamos conocer a gente de otros países y culturas, y dejarlos ver nuestras vidas para honrar así a Dios. Pero los «gatos» raras veces aprenden esta lección. Parecen estar contentos con «ser bendecidos". Lo que ellos han aprendido no es incorrecto, pero está incompleto.

¿Necesita otro ejemplo? ¡Qué tal cuando Salomón le pidió a Dios sabiduría en lugar de placeres carnales y recibió bendiciones añadidas a la sabiduría! A pesar de que esto es verdad, solamente es la mitad de la historia. ¿Cuál es la otra mitad?

Los «perros» la encuentran vinculada a la reputación de Salomón. «*Salomón era grande en riquezas y sabiduría, más que todos los reyes de la tierra. Como resultado, otros iban de las regiones más lejanas para ver la sabiduría que Dios le había dado.* (1º de Reyes 10:23-24). Salomón básicamente daba «seminarios internacionales de sabiduría". (Don Richardson, misionero, autor y orador, acuñó esa frase). ¿Qué nos dice Proverbios sobre lo que enseñó Salomón? «El *temor* de Jehová es el principio de la *sabiduría,* y el conocimiento del Santísimo es la inteligencia» (Proverbios 9:10). Salomón hizo famoso a Dios y bendijo a otras naciones con el conocimiento de Dios.

¿Cómo se puede aplicar esto a nosotros? Dios ha bendecido a Norteamérica con uno de los mayores ingenios y tecnología, de tal manera que gente de todo el mundo «viene a nuestro patio» para estudiar. Esta es una gran oportunidad para hacer famoso a Dios, delante de todos los estudiantes que viven entre nosotros. La *Asociación Internacional de Estudiantes*, dice que el 70 u 80 por ciento de los estudiantes internacionales, nunca han sido invitados a un hogar americano. ¿Por qué? porque estamos parados en la teología del gato. ¡Los «gatos» están tan enfocados en cómo pueden ser bendecidos por Dios, que nunca tienen tiempo para pensar en gente de otros países, mucho menos de invitarlos a formar parte de sus vidas y con eso hacer famoso a Dios!

¿Más ejemplos? ¿Qué tal, estar quietos ante Dios (Salmos 46:10)? Usted lo conoce; complete el resto del versículo. «Estad quietos, y ________________; ________________; ________________. Probablemente usted no completó el resto del versículo. Seguramente usted recordó la parte «y conoced que yo soy Dios», pero esa es solamente la tercera parte del versículo. ¿Qué dice el resto? «*Estad quietos, y conoced que yo soy Dios; seré exaltado entre las naciones; enaltecido seré en la tierra".* Ese es el resto de Salmos 46:10, pero pocas personas lo saben.

¿Por qué? Porque la teología del gato, sólo se ha enfocado en lo que Dios hace por nosotros, *no en lo que Dios quiere hacer en, y a través de nosotros*. ¿Qué quiere decir este versículo? Quiere decir que al estar usted quieto delante del Señor, al tener tiempo de meditación a solas con Él, al adorarlo por Su gloria, Su gloria será conocida en todas las naciones. ¡Él quiere que usted se enfoque en ver Su gloria ir a todas las naciones de la tierra, porque Él declara que esa es Su voluntad!

Usted va a estar orando para que Su gloria brille en la ventana 10/40. A usted le va a importar lo que pase en el mundo entero.

Usted estará poniendo en oración las necesidades del mundo hindú, del mundo budista, del mundo chino, y de todas las otras áreas que no han sido tocadas por el evangelio. Usted le estará pidiendo a Dios por obreros, porque la mies es mucha pero los obreros son pocos.

Hay muchas más historias en la Biblia, pero muchos de los cristianos, solamente han aprendido la mitad de lo que hay que aprender. ¡Entre más profundas sean las lecciones, los «gatos» tienen la otra mitad de la Biblia por descubrir! Para aprender más sobre esto, por favor lea *Revelado al Final* por Bob Sjogren y obtenga un mejor entendimiento de esa mitad perdida.[3]

Enseñanza y Ejemplos Incorrectos

¿Dónde aprendemos más sobre esta teología y enseñanza incorrecta? A nuestro alrededor, mirando los ejemplos. Usualmente es no por lo que se dice, sino por lo que *no* se dice.

En una gran conferencia de veinte mil jóvenes a principios de los noventas, se hizo una llamada telefónica a otro lugar donde también estaban en una reunión cristiana de igual magnitud. La audiencia esperaba mientras el orador preguntaba: «¿Hola, hola, está usted allí?» Finalmente se hizo la conexión. «Si, estamos aquí". Y luego el orador estadounidense pronunció las primeras palabras.

«¿Cómo está la bendición de Dios? La respuesta escuchada fue cómo Dios estaba bendiciéndolos. Todos estamos bien; todos saludables... Pero algo se estaba pasando por alto. La pregunta no era incorrecta, pero era incompleta. Ni una sola vez el orador preguntó: «¿Cómo está siendo Dios bendecido?

¿Cómo está siendo Dios glorificado? o ¿Cómo está siendo Dios exaltado? » El resultado: lo que se estaba comunicando sutilmente era que todo en esa reunión giraba alrededor de los participantes. ¡Que nosotros los hombres, somos aquellos por quienes Dios murió y por quienes Él vive! Era pura teología del gato saliendo de la boca del orador principal, frente a veinte mil personas.

Todo el tiempo se escuchan enseñanzas y teología del gato incompletas en la radio cristiana, o desde el púlpito. ¿Ha escuchado la analogía del pájaro en la jaula? La historia habla de un pájaro confinado a una jaula. El pájaro se sentía atrapado y quería volar. Quería extender sus alas y ser libre. Pero el pájaro no sabía que había un gato al lado derecho de la jaula, esperando para atraparlo.

La moraleja: el pájaro necesitaba quedarse en la jaula, por su propio bien.

La lección al parecer es una analogía sobre la manera como muchos cristianos, se sienten «confinados» a las leyes y los deseos de Dios. Entonces, piensan que no es justo tener que soportar el vivir dentro de esas restricciones. Pero, al igual que el pájaro estaba a salvo únicamente permaneciendo en la jaula, así también nosotros lo estamos si nos mantenemos dentro de las leyes Divinas, las cuales fueron escritas para nuestra protección.

Aunque la enseñanza anterior es correcta, es incompleta. ¿Podría ser posible que Dios permitiera que el gato matara al pájaro?

«No,» gritamos enseguida, «eso nunca pasaría". ¿Por qué? Porque nunca tendemos a pensar desde la perspectiva del gato. Nos gusta pensar que todo es sobre el pájaro (o sobre nosotros). Dios nunca desearía que tuviéramos dificultades o sufriéramos daño. Por lo tanto los gatos fallan cuando aplican la teología del perro a la época de Pablo, porque Dios permitió que fuera golpeado múltiples veces, o cuando Esteban fue apedreado hasta morir, o cuando multitudes de cristianos fueron martirizados para Su gloria.

¿Observó usted que cuando hablamos de martirio, hablamos en términos de la gloria de Dios? Pero cuando hablamos de las bendiciones de Dios, raras veces las mencionamos en el contexto de Su gloria. Sólo nos enfocamos en las bendiciones.

Implicaciones de tener una teología incompleta

Esto tiene implicaciones directas sobre la manera como oramos por nuestra nación. Los «gatos» quieren que Dios bendiga la nación. Estos ambicionan una mejor economía, una casa más grande, y bajos intereses, donde los impuestos sean pocos y la gasolina barata.

Los «perros» quieren que Dios bendiga a la nación no sólo por las razones mencionadas sino para que ésta también sea una de las mayores exportadoras de Su gloria a todas las naciones de la tierra. Constantemente están ambicionando una mejor economía para que la obra misionera tenga recursos y puedan ir muchos hasta lo último de la tierra; donde se puedan levantar fondos para ayudar a que la película JESÚS se exhiba en los lugares donde no se ha escuchado el evangelio, por ejemplo; donde los misioneros puedan levantar suficiente apoyo antes de un año; donde las misiones del Tercer Mundo puedan ser estimuladas por iglesias americanas al enviarles obreros con apoyo completo; donde los políticos vivan estilos de vidas santos, para que así la reputación cristiana se levante en alto honor. Así es como los «perros» oran por su nación.

Seguramente usted habrá escuchado del libro, si es que no lo ha leído; La *Oración de Jabes.*4 Se han vendido millones, ha sido uno de los libros más vendidos. Bruce Wilkinson es el autor. Su corazón es el de un «perro». Lo escribió con el propósito específico de que muchos cristianos le pidieran a Dios que bendijera sus vidas y sus ministerios para que así el evangelio pudiera ir hasta lo último de la tierra. Él es un «perro de hueso colorado».

Desafortunadamente, su libro ha sido leído por los «gatos». La gente le está pidiendo a Dios, no por grandes oportunidades de ministerios sino por casas más grandes, aumentos de sueldos, y carros bonitos. Han perdido el sentido de que las bendiciones de Dios tienen el propósito de reflejar Su gloria, hacerlo famoso a Él, y ser de bendición a las gentes de cada lengua, pueblo y nación.

Lo que los «gatos» han aprendido no es incorrecto pero es incompleto. ¡Tenemos que ver más allá de las bendiciones y de las razones detrás de ellas! Romanos 11:36 resume esto completamente: «Porque de Él, por Él y para Él son *todas* las cosas. ¡A Él sea la gloria para siempre! Amén» (énfasis agregado). ¿Cuántas cosas? ¡Todas! No la mayoría. No muchas. No la vasta mayoría de, ¡sino todas! ¡*Esa* es la manera completa de ver una bendición!

4

LA VERDADERA GLORIA DE DIOS

«Señor, aquí está la comida judía que ordenó» dijo la azafata.

«¿Qué?» -dije desconcertado. «No ordené ninguna comida judía». Y después miré a mi izquierda. Jeff Liverman (uno de mis mejores amigos) estaba aguantándose la risa lo más que podía. Había ordenado la comida desde que subimos al mismo vuelo, camino a casa y simplemente quería ¡fastidiarme una vez más!

Meses después, me lo encontré de nuevo. Estábamos juntos como oradores en Columbus, Ohio, en una iglesia, en una conferencia de misiones. Allí, otro gran amigo (Chip Weiant) era el director ejecutivo de un restaurante alemán conocido por sus ¡rollos de hojaldre con crema! Le dije a Jeff que tenía que probarlos porque eran deliciosos.

Finalmente la comida llegó. Terminamos nuestro plato principal y ordenamos el rollo de hojaldre con crema. Pusieron para nosotros en la mesa, tres rollos idénticos. Jeff no sabía que le había pedido a Chip, que uno de sus empleados pusiera sal sobre uno de los bollos. El momento de comerlos llegó.

Jeff tomó un pedazo del bollo en su cuchara y lo levantó hacia su boca. Chip lo detuvo y le dijo: «Jeff, estos rollos tienen fama mundial". Entonces Jeff tomó un gran pedazo y lo puso en su boca.

Chip le preguntó: « ¿Qué piensas?»

Jeff contestó cortésmente, con la comida aún en su boca, «Umm. . . rico...»

Entonces llamé la atención de Jeff y le dije: «comida judía, ¿no?» al escuchar eso, Jeff saltó, golpeando la mesa con sus manos, y escupiendo en una servilleta el salado bollo con crema.

¡Sabía que había caído en una broma!

Tres rollos de crema... uno era diferente. Tres personas sentadas en una iglesia—todas se parecen. Todas actúan igual. Pero una puede ser muy diferente. Todo depende de la actitud de su corazón, y de cuál él cree es el personaje en quien se centra toda la Biblia.

Los cristianos «perros» saben que Dios es el personaje principal y ven cómo Jesús honró a su Padre. Ellos saben que Jesús vivió para la gloria de Su Padre; por lo tanto, ellos también lo hacen. Las Escrituras nos dicen que Jesucristo no sólo le dio la gloria continuamente al Padre, sino también que murió por la gloria de Su Padre. Vea Juan 12:27–28. Jesús estaba pensando en el dolor de la cruz. Él dijo: «Ahora está turbada mi alma, ¿y qué diré?

'¿Padre, sálvame de esta hora'? Mas para esto he llegado a esta hora. Padre,. . .»

¡Espere! Antes de leer lo que sigue, recuerde el contexto de dolor, agonía, y sufrimiento que iba a padecer Cristo. Este no era un momento insignificante, especialmente porque Él estaba enfocado en el *porqué* tenía que sufrir. Aquí Él dio la última razón por la cual tenía que pasar por esa gran agonía. ¿Qué dice?

Para enfatizar y aclarar lo que se ha dicho en este pasaje, ayudaría ver lo que el texto *no* dice. Observe que no dice, «¡Padre, salva a éstas bondadosas, maravillosas y valiosas personas del infierno; no lo merecen!» ¿Por qué? Ese no es el enfoque principal de Cristo al enfrentar la cruz. Algunos lectores pueden responder, «¿Si Él no dijo eso y si Él no estaba enfocado en nosotros, entonces en qué estaba enfocado?» Escuche otra vez mientras leemos Sus siguientes palabras: «¡Padre, *glorifica tu nombre!*» (Juan 12:28, énfasis agregado).

Él está enfocado en la gloria de Su Padre. La gloria de Su Padre es su más alta prioridad. ¡Oh, cómo odian los «gatos» oír esas palabras, y qué bien se sienten los «perros» oyéndolas! Cristo *nos* ama. Nunca dude de las palabras que cantaba en sus años de infancia, «*Cristo me ama, Cristo me ama, Cristo me ama, la Biblia dice así*», pero sugerimos que Su amor por nosotros es *secundario* frente a la prioridad de vivir para la gloria de Su Padre.

Desafortunadamente, muchas canciones cristianas famosas no captan la idea teológica completa cuando dicen: «Nosotros fuimos los únicos en quienes Cristo pensó cuando fue a la cruz". ¡No! Cuando Él fue a la cruz, lo hizo principalmente para la gloria de Dios.

¿Ha considerado que este gran deseo de glorificar al Padre, es la razón por la que Él desea contestar nuestras oraciones? «Creo que lo hizo porque quiere bendecirnos,» piensan los «gatos». Esa respuesta no es incorrecta, pero es incompleta. Los «perros» conocen una respuesta más profunda. En Juan 14:13, las Escrituras se refieren al por qué Jesús se deleita en contestar nuestras oraciones. Escuchemos cuando habla a Sus seguidores: «Y todo lo que pidiereis en mi nombre, yo lo haré; *para que el Hijo le dé gloria al Padre*» (énfasis agregado).

Jesús quiere contestar nuestras oraciones para que Su Padre sea glorificado. Jesús tiene pasión por ver a Su Padre exaltado, por ver el nombre de Su Padre levantado y alabado. Jesús hizo Su trabajo para la gloria de Su Padre. En Su oración de Juan 17:4, Cristo dijo: «*Yo te he glorificado en la tierra* terminando la obra que me diste que hiciera» (énfasis agregado).

Definiendo la Gloria de Dios

¿Qué es la gloria? Aunque todos tenemos una idea de lo que significa o al menos algo viene a nuestra mente cuando mencionamos la palabra, es difícil dar una definición adecuada a la palabra. Y si no sabemos qué es, ¿cómo podemos discutirlo?

Comparamos el reto de definir «la gloria» con el de diseccionar una rana. ¡La verdad, puede aprender más sobre la rana diseccionándola, pero al final la rana muere! Es como definir «amor»; puede mencionar algunas palabras que lo describan, pero al hacerlo, pierde mucho de la emoción que hace al «amor» lo que es. De la misma manera, podemos esforzarnos para definir la gloria de Dios, pero al hacerlo, podemos estar perdiéndonos la plenitud, la majestad, y el misterio de todo lo que encierra. Reconociendo los riesgos y peligros, tratemos de seguir adelante,

¡evitando asesinarla!

A través de la Biblia hay descripciones de la gloria de Dios visibles y evidentes. La gloria de Dios frecuentemente se ha asociado con un resplandor glorioso o con una luz brillante que es referida como la *shekinah* de Dios. Aparece en el Antiguo Testamento, cuando fue dedicado el tabernáculo y de nuevo cuando se dedicó el templo. Se muestra en el Nuevo Testamento cuando los ángeles anunciaron el nacimiento de Jesús; «*y la Gloria del Señor los rodeó de resplandor*» (Lucas 2:9). La gloria fue obvia ante los discípulos cuando Jesús fue transfigurado, y para Pablo cuando Jesús le apareció en el camino a Damasco. Este tipo de gloria es una manifestación de la presencia de Dios. Esto es lo que Moisés quería ver, pero Dios le dijo que no era posible ver Su gloria en plenitud y vivir. (Éxodo 33:18).

Si se está sintiendo un poco decepcionado por no haber experimentado la gloria de Dios, sea paciente. La oportunidad llegará. El libro de Apocalipsis nos dice que en el cielo no habrá necesidad de la luz del sol o de la luna, porque la gloria del Cordero proveerá toda la luz necesaria (Apocalipsis 21:23). Si no hay *necesidad* del sol o la luna, ¿puede imaginarse cuán impresionante será esa gloria magníficamente brillante será eso? ¡Será un espectáculo de luz que no querrá perderse!

La gloria se manifiesta en la presencia de Dios, pero también la vemos revelada en Su creación. De esto es de lo que Salmos 19:1-2 está hablando, «Los cielos cuentan la gloria de Dios; y el firmamento anuncia la obra de sus manos. Un día emite palabra a otro día, y una noche a otra noche declara sabiduría". Por su existencia misma, la creación de Dios lo glorifica y declara Su gloria.

Vemos esto no solamente en los cielos, sino también en la belleza de una flor, en el césped, en las hojas de los árboles, en la semilla de un aguacate, en la dureza de una roca y en la suavidad de la piel de un bebé. Dios es tan creativo que cada expresión de Su creación acompañada de los cielos, declara Su gloria. Este es el motivo por el cual nos gusta lo que el salmista dice: «*Por cuanto me has alegrado, oh Jehová, con tus obras; en las obras de tus manos me gozo*» (Salmos 92:4). Cantar de gozo por la obra de Sus manos es una forma de glorificar a Dios.

El carácter de Dios también revela Su gloria. ¿Recuerda la petición que hizo Moisés al Señor en Éxodo 33? Él le pidió al Señor que le mostrara Su gloria. ¿Qué le respondió el Señor? El texto dice: «Y el SEÑOR dijo: 'Yo haré pasar todo mi bien delante de tu rostro, y proclamaré el nombre de Jehová delante de ti; y tendré misericordia del que tendré misericordia, y seré clemente para con el que seré clemente'».

Cuando Dios habla de Su bien, Él está hablando de Su carácter. Cuando Dios proclama Su nombre, está hablando de quién es Él. Ese es Su carácter. Cuando dice «tendré misericordia del que tendré misericordia, y seré clemente para con el que seré clemente,» Él está hablando de mostrar o expresar Su carácter. Moisés dice: «Muéstrame tu gloria» y Dios habla de Su carácter. El carácter de Dios revela Su gloria.

A la luz de todo, queremos definir la gloria de Dios de la siguiente manera (¡sin asesinarla!): La gloria de Dios se define como una revelación o expresión de Su excelencia; a Su presencia, creatividad, y/o a Su carácter.

Si eso es Su gloria, ¿Cómo debemos glorificar a Dios? Sería bueno saberlo ya que la Biblia repetidamente nos manda glorificar al Señor —vea Salmos 34:3; Salmos 63:3; Salmos 69:30; y Salmos 86:12.

Para ilustrar esto, déjenos atraer su atención hacia la luna. Según una vieja canción, a las parejas les gusta dar un paseo «a la luz de la luna plateada". Pero al pensar en eso, nos damos cuenta de que la luna no *emite* luz —no tiene luz propia— meramente *refleja* la luz del sol.

Esta es una buena analogía sobre lo que hacemos cuando le damos la gloria a Dios. Tal como la luna no tiene luz en sí misma para dar, así nosotros realmente no tenemos gloria alguna para dar. Pero, tal como la luna refleja la luz del sol, nosotros podemos reflejar la gloria de Dios.

Cuando reflejamos la gloria de Dios, estamos reflejando una de esas tres áreas de Dios —Su presencia, Su creatividad, y Su carácter— que regresan a Él y a otras personas de alguna manera.

Agradecer a Dios por todas las cosas buenas que nos ha dado, refleja Su gloria y es un reflejo de Su carácter. Dibujar una flor o diseñar un rascacielos refleja la creatividad de Dios en nosotros y glorifica a Dios.

Una de las formas de (Bob) probar mi enseñanza, es ver si un niño puede entenderla. ¡Tiendo a aprender más de la predicación para los niños que de la de los adultos! Por lo tanto uso a los niños para ver si me esto y comunicando l o suficientemente claro. Si me doy cuenta de que los niños no lo comprenden fácilmente, entonces no va a «pegarse» en los adultos. Así que, si lo que he dicho es comprensible, pero quiere una versión más «manejable», déjeme darle la versión para niños.

¡**Glorificar a Dios significa vivir de tal manera que lo demos a conocer a otros**!

Allí está, simple y llano ¿no? como dice el subtitulo del libro, «Replantear nuestra relación con Dios y vivir para darle la máxima gloria» simplemente significa ¡dar a conocer a Dios! Hágase usted mismo estas preguntas: ¿Cómo estoy dando a conocer a Dios a mi esposa? ¿Cómo estoy dando a conocer a Dios a mis hijos?

¿Cómo estoy dando a conocer a Dios en mi trabajo? ¿Cómo estoy dando a conocer a Dios a mis compañeros de clase? ¿Cómo estoy dando a conocer a Dios como soltero? ¿Cómo estoy dando a conocer a Dios cuando manejo mi automóvil?

Por ejemplo yo (Gerald) cuando quiero estar con mi esposa hago algo que ella ya conoce. Sólo tengo que mirarla fijamente a los ojos y ella me mira y dice 'lo sé'», aunque no diga ninguna palabra. Tal como su corazón sabe cuándo está enamorado —sin tener una definición completa de ello— su espíritu sabrá cuando está adorando a Dios en espíritu y en verdad, cuando su corazón no pueda contener la plenitud de lo que está sintiendo y empiece a gritar, «Te ensalzo Señor, te adoro, me postro ante ti y me deleito en ti. Alabo el nombre del Dios Todopoderoso, nuestro Señor y Salvador». Y Dios también lo sabrá. Dios sabrá cuando su corazón está lleno, su espíritu rebosante, su mente enfocada, y sus palabras, aunque estas sean muy inadecuadas para expresar, reflejar, o irradiar completamente Su bondad —cuando todo lo que pueda decir sea «¡gloria!», Dios sabrá qué hay dentro de usted realmente, y aceptará su adoración y alabanza.

¡Entonces en ese momento usted lo *habrá* glorificado!

Para quién vive Dios

¿Para quién vive Dios? Puede imaginar a Dios caminando por las calles de oro, rascándose la barbilla, y preguntándose a sí mismo. «¿Por quién debería vivir? Umm... Tengo mucho que ofrecer. ¿Por qué requiero ser honrado, exaltado, y glorificado?» Piense en eso rápidamente. ¿Cuáles serían las opciones de Dios? Sabiendo que puede haber una multitud de respuestas, nos gustaría sugerir cuatro: la creación, los ángeles, la humanidad, y Él mismo. Pensemos en ellos.

Toda la creación es temporal. Existe por un tiempo pero un día terminará (2 Pedro 3:10). Entonces ¿por qué un Dios eterno viviría por algo temporal? Eso no tiene sentido. Así que elimine esto de la lista como una posible opción.

La segunda opción: los ángeles. ¿Por qué no vive para los ángeles? (No hay nada en el libro de reglas que diga que Cristo no podría perdonar el pecado de Satanás junto con el de los otros ángeles caídos). Pero, bien, tampoco hay señal de arrepentimiento, y la Biblia nos dice que nunca la habrá. También la Biblia nos dice que Satanás vino a matar, robar, y destruir (Juan 10:10). Así que esta tampoco se ve como una buena opción.

¿Cuál es la tercera opción? Bueno está la humanidad, el género humano, la gente. ¿Por qué no vivir para nosotros? Los «gatos» dicen: «Sí, eso tiene sentido. Cristo dejó la gloria de Su Padre, y vino a la tierra para morir una muerte agonizante por nosotros. Ya que Él murió por nosotros, ¡tiene que vivir para nosotros! ¡Tiene que ser sobre nosotros!» Pero los «perros» desafían este planteamiento y preguntan, «¿Qué dice la Biblia que muestre que somos merecedores de que Dios viva por nosotros?»

Una mirada rápida a Marcos 7 nos dice: «Que lo que sale del hombre es lo que lo 'contamina.' Porque de dentro del corazón del hombre, salen los malos pensamientos, los adulterios, las fornicaciones, los homicidios, los hurtos, las avaricias, las maldades, el engaño, la lascivia, la envidia, la maledicencia, la soberbia, la insensatez. Todas estas maldades de dentro salen, y «contaminan» al hombre. (Marcos 7:20–23).

Seamos honestos. ¿Somos merecedores de que Dios viva por nosotros? Los «perros» se dan cuenta de que en nuestra condición actual, no somos tan valiosos que valga la pena que el Omnipotente Dios viva sólo por nosotros —es temporal. Vimos que los ángeles no son merecedores tampoco —pues cayeron y no hay ni una señal de arrepentimiento. Vimos que la humanidad no es merecedora—todos somos pecadores. ¿Entonces quién queda que sea digno de que Dios quiera vivir para Él? Pues como vemos, ¡sólo queda Él! ¡Que Él viva para sí mismo!

¿Pero y por qué Dios puede escoger vivir para Él mismo? ¿Qué lo hace digno de esto? ¿Cómo representa la Biblia a Dios?

La Biblia se refiere a Dios y dice que Él es:

- El Señor de gloria
- El Rey de reyes
- El Gran Médico
- El Justo
- El Abrigo en la tormenta
- El Arquitecto y Constructor de todas las cosas
- El Defensor de las viudas
- El Ayudador de los huérfanos
- La Fuente de salvación eterna
- El Alfa y la Omega
- El Hacedor de todas las cosas
- El Pastor de ovejas
- El Gran galardonador
- El que tiene las llaves del infierno
- El Dios de gracia
- El Dios de esperanza
- El Dios de amor
- El Dios que da fortaleza
- El Dios que borra las transgresiones
- Ayuda en el tiempo de necesidad
- Un Dios asombroso
- Un Dios fiel
- Omnisciente
- Omnipresente
- Misericordioso
- El Único Dios *bueno*
- El Único Dios
- El Dios tres veces *santo*

¿Para quién viviríamos si tuviéramos esas cuatro opciones? «Eso no hay que pensarlo,» alguien diría. «¡Viviría para Dios, por quien es Él y, por lo que Él hizo!» *¿Por qué sería diferente para Dios?* Si no tenemos que pensarlo, Dios tampoco tendría que pensarlo. Dios vive por Él y para Él. Dios vive para Dios. Vive para irradiar Su Gloria en billones de billones de maneras diferentes.

«Bien,» los «gatos» rebaten, «¿entonces por qué *murió* Cristo por nosotros?» Los «perros» saben que fue por razones que agradaron al Padre. Primero, la imagen de Dios reside en nosotros. Fue el Padre quien puso Su imagen dentro de nosotros; por lo tanto, al redimirnos, Él está redimiendo Su imagen entretejida en la estructura de lo que somos. Segundo, para cumplir Su propósito y plan inicial para nosotros: tener comunión con Él. Tercero, Dios está expresando la esencia misma de quién es Él. Él es amor, y ama Su creación. Está expresando Su amor incondicional. También está lleno de amor y compasión. Por eso, Él está viviendo expresándose a Sí mismo, Su esencia y todo lo que Él representa, y está irradiando Su gloria.

A los «gatos» les cuesta entender esto. Rápido rebaten y dicen: «Dios nos dice que no vivamos para nosotros mismos, así que sería completamente inapropiado si Dios viviera para sí mismo. ¡Dios no puede vivir para Dios!»

Pero los «perros» saben que las reglas que se aplican a la creación no se aplican al Creador—de la misma manera que las reglas en su casa para sus hijos no necesariamente se aplican a los adultos. Una regla para un niño pequeño puede ser, «no cruces por la alfombra nueva con tu plato de cereal. No puedes hacerlo. Vas a tirar el cereal". Pero nadie va a disciplinar a un adulto que cruza la misma alfombra con un plato de cereal. ¿Por qué? Porque el adulto puede hacerlo sin tirar nada al piso.

De la misma manera, no podemos vivir para nosotros mismos porque en nuestra condición pecaminosa, no podríamos manejarlo, haríamos un desastre. Pero Dios en Su justicia, gracia, misericordia, y amor (y más), *puede* vivir para Él mismo sin hacer ningún desastre. No podemos vivir para nosotros y no pecar.

Pero Dios sí puede. ¿Cómo puede Dios vivir para Él mismo y no pecar? Él es amor. Y los «perros» saben que 1 Corintios 13 nos dice, el amor no es jactancioso, no se envanece, no hace nada indebido, no busca lo suyo".

Los «gatos» contra atacan, «Bueno, si Dios no es jactancioso, no se envanece, no hace nada indebido, o no busca lo suyo.

¿Entonces cómo puede Dios vivir para Dios?» Si Dios va a exaltar algo que es bueno, *debe* exaltarse a sí mismo. Alguna cosa menos que Él mismo no sería lo mejor. No importa qué tan buena pueda ser, no es lo *mejor*. Sería sin valor. Vivir para Él mismo es la única opción de Dios, y *no* es una contradicción. Nadie ni nada es «mejor» que Dios— ¡es una gramática pobre pero es una gran teología! Cuando Dios se exalta a sí mismo, es como si estuviera haciendo la siguiente declaración:

> *Si hay algunos valores que sean los mejores para Mi creación y que quiero sostener; algunos ideales o éticas que estimo; algunos principios que vale la pena vivir; algún poder o creatividad que valga la pena exhibirse; algunos estándares valiosos de guardar son los Míos.*
>
> *Por lo tanto viviré por ello y por proteger todo lo que sustento. Ejercitaré Mi poder y creatividad, Mi compasión y Mi misericordia. Haré lo que quiera hacer. Y porque soy amor, quiero (y querré) amar incondicionalmente . Quiero (y querré) dar sacrificialmente. Quiero (y querré) ser misericordioso. Y quiero (y querré) dar gracia y paz a aquellos que amo.*
>
> *Haré todo esto y más, Porque soy un Dios celoso.*

La Biblia llama «santo» a Dios. La palabra «santo» en griego frecuentemente significa «consagrado a Dios,» que quiere decir «devoto o dedicado al servicio y adoración a Dios". Ahora cuando la Biblia declara, «Santo, santo, santo es el Dios Todopoderoso, el que era, y es, y ha de venir», está diciendo que Dios está apartado para Dios (Apocalipsis 4:8). Dios está consagrado al servicio a Dios y dedicado a la adoración a Dios. Dios no deja duda en nuestras mentes, de que Él está completamente dedicado a vivir para Su gloria. Él no está dispuesto a que cualquier cosa usurpe ese lugar porque todo lo demás es algo sin valor. Es por esto que Él es un Dios celoso. Dios incluso se llama a sí mismo por el nombre «celoso». "Porque no te has de inclinar a ningún otro dios, pues Jehová, cuyo nombre es celoso, Dios celoso es". (Éxodo 34:14). Él es santo, Él se apartó a sí mismo. Dios vive para sí mismo.

Esto parece poner a Dios en una situación paradójica. ¿Por qué? Al vivir para sí mismo, Él está viviendo constantemente para otros. Sí, esa es la razón por la cual se dirige a sí mismo — porque Él es un ser tan dadivoso, un Dios tan generoso. Al gozarse viviendo para otros, parece que no está viviendo para sí mismo. Pero Él lo está. Está viviendo tal como es Él. Esa es otra razón por la cual mantiene, protege, y vive Su estilo de vida.

«Así que usted está pensando: ¿Él vive para sí mismo porque constantemente está viviendo para otros?» ¡Exactamente! Dios vive para sí mismo, expresándonos misericordia, compasión, y amor incondicional. Vea usted, si Dios viviera para algo o alguien más, *no estaría cometiendo idolatría*. Dios vive para Dios. Es el único ser por quien vale la pena vivir o a quien dirigirse.

Este concepto fue enseñado a una clase de quinto grado para ver si podían comprender este principio. La clase fue enseñada el sábado por la noche, y había una niña en particular que había estado expuesta al sol durante todo el día. Su cuerpo estaba rojo, quemado por el sol, y podría decir que su mente estaba en otro lado. Pero al final, se le preguntó a cada niño si habían aprendido algo. Cuando le tocó el turno a la niña, sorprendió a todos diciendo rápidamente: «¡Sí, aprendí que está bien para Dios ser egocéntrico!»

Aunque las palabras que usó tenían connotaciones negativas, estaba en lo correcto. Está bien para Dios ser egocéntrico. Los cristianos «perros» quieren comprender todo lo de la vida en términos de la gloria de Dios. ¿Por qué? Mire los siguientes versículos.

> Por lo cual Dios también le exaltó hasta lo sumo, y le dio un nombre que es sobre todo nombre, para que en el nombre de Jesús se doble toda rodilla de los que están en los cielos, y en la tierra, y debajo de la tierra; y toda lengua confiese que Jesucristo es el Señor, para gloria de Dios Padre. (Filipenses 2:9–11)

> Porque de él, y por él, y para él, son todas las cosas. A él sea la gloria por los siglos. Amén. (Romanos 11:36)

¡Todo en la vida —no solo en el cristianismo— finalmente resultará en la gloria del Padre! La gloria es la meta final; todo lo demás es simplemente un medio hacia esta meta consumada. Este es el por qué aquellos cristianos «perros» son diferentes. Porque comprenden que el celo de Dios no es contradictorio, hipócrita ni el resultado negativo de un problema de ego. Tiene sentido cuando toma tiempo para pensarlo. Los perros reconocen esto y están en paz con ello.

5

LAS BENDICIONES TOMAN EL LUGAR DE SU GLORIA

Recuerde, es muy difícil distinguir visualmente entre un cristiano «perro» y un cristiano «gato». Ambos van a la iglesia. Ambos pueden enseñar en la Escuela Dominical. Ambos quieren ser bendecidos por Dios y ver Su obra. Ambos se ven y actúan como cristianos.

Así que, ¿cuál es la diferencia? La diferencia se encuentra en su énfasis o prioridades en la vida. Hay muchas maneras de hablar de esto. Una de ellas se encuentra en la simple pregunta:

¿Quién es el personaje principal de la Biblia, Dios o la gente? Otra forma de preguntar esto sería: ¿Dios existe para servir a la gente, o la gente existe para servir a Dios? Y otra: ¿es la gloria de Dios la mayor prioridad en su vida, o lo es el vivir por alguien o algo más? La diferencia es obvia, a menos que usted sea un «gato».

Supongamos que nos detenemos por un momento y le pido que lea Génesis 1. Ha sido nuestra experiencia que en algún lugar entre los versículos 5 y 23, la mayoría de los lectores se aburren. ¿Por qué? Muchos dicen que ese aburrimiento es resultado de estar familiarizado ya con esa historia; pero la verdad es que hay más historias con las que estamos más familiarizados, y no nos aburren. El hecho de que haya historias más conocidas pero menos aburridas, nos hace pensar que debe haber otra razón más profunda. Pensando en esto, llegamos a la conclusión de que la mayoría de los lectores se aburren con Génesis 1, porque no se encuentra allí a la humanidad; «ellos» no están allí.

¡Y si «ellos» no están allí, entonces se aburren! Como ve, los humanos no sienten mucha emoción hasta el capítulo 3, que es donde las cosas se ponen más interesantes porque entonces tenemos alguien por quién vivir: ¡una operación de rescate! Entonces ¿por qué nos aburrimos con el capítulo 1? En el corazón de un «gato», existe la creencia de que la humanidad es el personaje principal; de que la Biblia trata sobre ellos; de que viven para darse a conocer. Y cuando la Biblia no habla de ellos, los «gatos» tienden a aburrirse.

Veamos una simple anécdota que le puede dar luz a esto. Cuando Sharon, la esposa de Gerald ve que ha salido una nueva película con el actor Sean Connery, le sugiere a su esposo que vayan al cine. ¿Por qué? porque ella quiere ver y oír a Sean Connery y estará muy decepcionada (y aburrida) si él no aparece en las escenas importantes, porque, después de todo, él es el personaje principal.

De forma similar, los «gatos» están buscando al hombre en cada escena importante de la Biblia. Están buscando esa parte de la historia que se aplica a ellos. No han sido entrenados para ver a Dios. Están entrenados para leer las preguntas bíblicas, «¿Qué se supone que saque de esto? ¿Cómo se aplica esto a mi vida? ¿Cómo me afecta esto? » Como resultado de ese pensamiento, ellos son el personaje principal. Los «gatos» creen que Dios existe para servir a la gente. Y porque creen también que todo es sobre ellos, están más hambrientos por lo que puedan obtener del cristianismo que de cualquier otra cosa. Tal como leen la Biblia, ven la opción entre la gloria de Dios o Su bendición; naturalmente prefieren las bendiciones más que la gloria de Dios.

Claro, estas opciones no son patentes sino sutiles. Entonces si tienen la sensación de que Dios está diciendo: «Limítate. No compres una casa tan grande, no compres un carro tan bonito», racionalizan en seguida las palabras diciendo, «Señor, comprendí mal. Vi como bendijiste a Abraham; vi como bendijiste a David y a Salomón; entonces, Señor, ¡ voy a asumir que quieres bendecirme de la misma manera! Por lo tanto, en el nombre de Jesús, rechazo el intento de Satanás de impedirme disfrutar de Dios y reclamar por fe este carro más bonito y esta casa más grande". Terminan comprando la casa más grande y el carro más bonito, acumulando muchas deudas en el proceso.

Cuando Dios dice: «Quiero que sufran por Mi nombre, para darme a conocer», ellos piensan, « ¿Sufrir? ¿Sufrir? De ninguna manera. Estoy seguro que Dios no querría que yo hiciera eso. Él me ama». Así que ellos, hacen todo lo que pueden para tener una vida segura, suave y cómoda. Cuando la gloria de Dios los dirige a ir a otros países, los «gatos» dicen: «Oh Señor, sabes que no me fue muy bien con idiomas en el estudio. No hay manera de que pueda aprender árabe o cantonés; entonces, Señor, haré un trato contigo. Diezmaré el once por ciento; trabajaré con los jóvenes; haré lo que sea, sólo déjame en este fácil, suave, seguro, y cómodo estilo de vida". Entonces estarán cantando siempre sobre la gloria del Padre brillando en lugares donde no la hay, pero donde nunca considerarían ir ellos mismos.

Los «gatos» básicamente adoptan la teología del bienestar. Abrazarán cualquier cosa que Dios pueda hacer, para hacerlos sentirse bien. ¡La meta del cristianismo es una segura, suave y cómoda vida cristiana! Dejarán cualquier cosa que los haga sentirse intranquilos o incómodos. ¿De dónde viene este cambio en el énfasis? Tiene que ver todo con el maligno. Satanás sabe que la vida y todo sobre la creación tiene que ver con Dios y con Su gloria. Por lo tanto, Satanás ha estado tratando de robar la gloria de Dios desde el primer día de su rebelión, y continúa haciéndolo a través de nosotros.

Donald Barnhouse escribió un libro desafiante titulado *La Guerra Invisible*. En él observa los cinco «yo haré» del pasaje de Isaías 14:12–14, como representantes de la rebelión de Satanás. Aquí él básicamente está diciendo que Satanás tomaba la adoración de los otros seres angelicales y de mala gana la pasaba a Dios. Barnhouse sugiere que en algún momento Satanás debió haber pensado, «¿No habrá algo de valor en mí mismo, que deba ser reconocido?» Aquí estuvo el origen del pecado".[5]

Satanás pensó que valía lo suficiente como para hacerse famoso él mismo.

Esta fue su caída—él pensó robar la gloria que solamente le pertenecía al magnifico y Santo Dios. Él sigue tratando de hacer lo mismo hoy. Toda la existencia de Satanás está basada en tratar de robarle a Dios la gloria; de la cual sólo Dios es digno.

En nuestro seminario, sugerimos que Satanás hace esto y juega «a las cartas» con la humanidad y pasa «el paquete de cartas» por todo el mundo. Estas «cartas» son usadas para cambiar el enfoque de la gente en Dios y ponerlo en otras cosas. Lo ha hecho muy bien en África del Norte, en el Medio Oriente, y a través de Asia, esparciendo una carta llamada «Islam". Lo hizo muy bien en la Unión Soviética y China con una carta llamada «comunismo". En muchas tribus, su carta es el «animismo»; el «budismo» ha funcionado muy bien como otra falsa religión. Él tiene muchas cartas que ha distribuido en todo el mundo. Aún en Norteamérica no lo está haciendo mal. Sus cartas allí son el « materialismo » y últimamente, el «nacionalismo». Otras cartas son el «ambientalismo,» los «deportes». Y el «entretenimiento».

Pero, ¿qué hace con los cristianos? Se retira y se da por vencido diciendo: «Bueno, lo hice bien con la mayoría de la humanidad; creo que no les puedo ganar a todos». No. Satanás nunca se da por vencido. Sólo imagínelo paseándose por los pasillos del infierno, buscando la forma de apartar los ojos de los cristianos de la gloria de Dios.

«Umm», se dice a sí mismo. «Qué puedo hacer para alejar a estos cristianos de su enfoque en la gloria de Dios. Nunca irían directamente a adorar a Satanás. ¿Falsas religiones? No, verían a través de su Señor. Umm, ¿Qué carta podré crear para ellos?

«Ya sé, ¡cambiaré su enfoque hacia algo *seguro y que esté cerca del corazón de Dios,* pero que aparte su enfoque de la gloria de Dios! ¡Les haré pensar que todo es sobre ellos! ¡Sí, Dios hizo todo por ellos! ¡Lo sacaré fuera de proporción, para que se convierta en un enfoque mucho más grande que la misma gloria de Dios!» (Su espeluznante carcajada hace eco a través de los pasillos del infierno).

Entonces, ¿qué hace Satanás? Llama a nuestra egoísta tendencia natural y crea una «carta» que toma una de las formas que Dios ha escogido para revelar Su gloria —algo seguro y cercano al corazón de Dios; como Su deseo de bendecirnos— y lo saca fuera de proporción.

Para un «gato», de todo lo que trata la vida cristiana es de ser bendecidos por Dios. Ellos escuchan: «¡Dios quiere bendecirte! De hecho, no sólo eso, sino: ¡Dios hizo todo por *ti*!»

Los «gatos» piensan lo siguiente:

- Él murió para darnos una buena vida.
- Los ángeles existen para servirnos y cuidarnos.
- La iglesia existe para satisfacer nuestras necesidades.
- Dios existe para cuidarnos y bendecirnos.

¿Dónde está la gloria de Dios en eso? «Está allí», grita un «gato». «Dios obtiene una grande gloria bendiciéndome. ¡Se trata de mí! ¡Cuanto más me bendice Dios, mayor gloria recibe!» Los «gatos» difícilmente pueden pensar en un escenario, en donde Dios reciba la gloria sin bendecirlos. Aquí es donde toma lugar el refinado y sutil cambio en las prioridades de un «gato». Ya el enfoque no está más en *Dios siendo glorificado* a través de Su bendición hacia nosotros. Sino que, sin darnos cuenta, el enfoque se vuelve hacia *nosotros recibiendo* las bendiciones de Dios, los «gatos» se convierten en lo más importante, y la gloria de Dios en algo secundario. La carta de Satanás ha dado en el blanco cuando los gatos piensan, «¡todo es sobre nosotros!»

¿Quiere Dios bendecirnos? Sí. Él se deleita en bendecirnos. Pero no quiere que la bendición tenga prioridad sobre Su gloria. Él quiere que Su gloria brille a través de Sus bendiciones, no que sea pasada por alto. ¿Pueden provocar las bendiciones, que veamos la gloria de Dios como algo secundario? Absolutamente. Y eso es lo que está pasando con los «gatos» cristianos alrededor del mundo. Están tan atrapados en su deseo de que Dios los bendiga que ya no ven la gloria de Dios como su principal prioridad. Tommy Tenney, es su libro *Los Cazadores de Dios,* dice de esta manera: «Irónicamente, fue la bendición del padre la que en realidad 'financió' el viaje del hijo prodigo lejos de Él".[6]

¿Qué otras cartas tiene Satanás para los cristianos? Bueno cualquier cosa segura y que parezca estar cercano al corazón de Dios. Está la carta de la «campaña por el derecho a la vida». Salvar la vida de los nonatos ¿le agrada a Dios? Sí, por supuesto.

¿Puede volverse una prioridad más alta que la misma gloria de Dios? Sí, solo vea los periódicos. Desafortunadamente, algo que es bueno y está cerca del corazón de Dios (salvar a los nonatos) se vuelve tal prioridad que permite a otros justificar a doctores asesinos y bombardear clínicas en el «nombre de Jesús". ¿Dios aprueba tales acciones? No. Pero Satanás puede provocar que algunos creyentes se obsesionen tanto con una cosa que se convierte en el enfoque principal de su vida, y quebranten otras leyes de Dios.

Otra «carta» como esa puede encontrarse en la iglesia local de los «gatos». Estos piensan que la vida cristiana gira alrededor de *su* iglesia. El dinero se invierte en la iglesia, y el enfoque se convierte en, ¿cómo *podemos* ampliar *nuestra* iglesia y traer más gente? Estamos confiando en Dios para que haga milagros en *esta* iglesia (sin mencionar otras iglesias en la misma área).

Se le puede dar mucho tiempo y énfasis a la juventud (¿qué *podemos* hacer para ayudar a *nuestra* juventud a que conozcan y caminen con Cristo?), pero pueden terminar alcanzando la juventud y realmente no enseñarles a enfocarse en la gloria de Dios. El enfoque puede volverse tan obsesivo que sin darse cuenta, el pensamiento de orar por el pastor, y por el servicio del domingo en la mañana de la iglesia más cercana, nunca cruza por su mente. «¿Por qué pensar en orar por ellos?», piensa un «gato» inconscientemente. «Ellos no son parte de *nuestra* iglesia».

¿Ve usted? Los cristianos «perro» no solamente oran por el pastor de su iglesia, sino también por otros pastores e iglesias en la comunidad. Saben que el cristianismo es sobre el reino de Dios, y Dios está también representado por otras iglesias.

¿Está mal orar por su iglesia un domingo en la mañana? No, ¡claro que no! Pero podría estar incompleto. Los «gatos» no oran por otras iglesias porque sólo les importa su propia iglesia. ¡Los «gatos» necesitan aprender a preocuparse más por el gran reino de Dios!

Cuatro Personas Enfermas

Mucha de esta comunicación egocentrista se da en forma silenciosa o sutil. Queremos mostrarle cómo reconocerla con la siguiente historia. En 1999, un gran terremoto impactó Turquía. Reportes oficiales dijeron que 18 mil personas murieron, miles fueron heridas y muchas otras quedaron desamparadas. Toda la semana, salieron reportes en todos los noticieros sobre la situación. Era imposible no estar enterado del terremoto y de los esfuerzos de ayuda para ese país.

Ese primer domingo después del temblor, era como cualquier otro domingo del año. Los cristianos se levantaron y fueron a la iglesia, totalmente conscientes de lo que había pasado en un país a miles de kilómetros de distancia. ¿Y qué pasó? Una iglesia en particular hizo una oración. Pero, ¿Por quién oraron? ¿Fue por los miles de musulmanes heridos, algunos de los cuales estaban al borde de un destino eterno sin Cristo? ¿Fue por los miles de desamparados que necesitaban ver la gloria de Dios a través de la ayuda y socorro cristianos? ¡No! Ese domingo en particular, esta iglesia oró por cuatro personas de su iglesia que estaban en el hospital debido a la enfermedad.

Piense. Ellos oraron por cuatro personas en una ciudad americana con las mayores facilidades médicas, los mejores doctores, el mejor equipo, donde su destino eterno estaba asegurado a través de la sangre de Cristo, y ni una sola vez se men cion ó l a sit ua ció n en Tu rquí a. ¿ Qu é se le esta ba comunicando a la gente en esa congregación? «¡Que todo es sobre nosotros! Preocupémonos por nuestra gente, nuestra juventud, nuestros edificios, nuestros ancianos, y no nos preocupemos por el resto del mundo. En nuestra iglesia, ¡Dios está enfocado en nosotros!»

Por mucho que Dios nos ame, su enfoque hacia nosotros es para revelarnos lo que es primordial: Su gloria. Él está enfocado en perfilar Su gloria en nosotros y que se esparza a través nuestro hasta lo último de la tierra. Somos una parte vital, significativa y pequeña de ello. Los «gatos» han personalizado y privatizado demasiado el evangelio.

¿Podría el líder de esa iglesia en particular decir que no estaban preocupados por el mundo? No, claro que no. Ellos conocen y aman al Señor y al mundo. Pero sin darse cuenta, Satanás sutilmente soltó las «cartas» que causaron que esta iglesia comunicara algo que no era su intención comunicar. Recuerde, no es usualmente lo que se dice, sino lo que no se dice. Esto no es incorrecto; pero es *incompleto*.

Otro ejemplo de cómo nuestro egocentrismo entra en juego sutilmente puede verse cuando Satanás usa la carta del «denominacionalismo». El cristianismo puede volverse hacia «nuestra denominación» atrayendo más gente, aumentando la membresía y teniendo más dinero. ¡Todavía todo sigue girando alrededor de nosotros!

Debido al gran número de solicitudes que recibimos, nuestros oradores están expuestos a iglesias de variadas denominaciones.

En una iglesia, alguien nos detuvo y dijo: «Estoy muy orgulloso de pertenecer a esta denominación». Los cristianos «perros» quieren gritar, «¡No hay nada malo en pertenecer a una denominación, pero no deje que su orgullo entre en el camino!»

Pablo, un pastor con más antigüedad de una iglesia local en Virginia, se levantó frente a la congregación y les dijo: «Cualquier cosa que hagan, cuando vayan al cielo, no le digan a Dios que pertenecían a las Asambleas de Dios. ¡A él no le importa! Lo que le importa es que camine con Él». Ese pastor es un verdadero y típico «perro». Él comprende el grandioso concepto del reino de Dios. No importa a qué denominación se haya unido. Lo que importa es, si la gloria de Dios está siendo manifestada en ella.

Las Buenas Obras toman el lugar de Su Gloria

Aquí hay más evidencia de cómo la teología del gato puede interferir con nuestra comunicación. Escribimos nuestra comunicación con «taquigrafía»; eso significa, que sólo decimos parte de lo que intentamos decir, asumiendo que la otra parte la completarán los oyentes. Cuando escribimos con «taquigrafía» nuestra comunicación, frecuentemente robamos a Dios Su gloria. Esto pasa cuando asumimos que todos comprenden que estamos hablando de la gloria de Dios sin mencionarlo. Esto no debe hacerse. Si no mencionamos específicamente la gloria de Dios, raras veces la recibirá.

Yo (Bob) estaba hablando en un seminario, cuando el presidente del seminario se levantó para presentarme. Antes de que lo hiciera, habló de su reciente visita a otras iglesias y seminarios el día anterior. Hablando de su visita, mencionó cuantos de los pastores y profesores de esos lugares se habían graduado del seminario (no mencionó a otros graduados o lo que Dios estaba haciendo en otros lugares). Desafortunadamente, La gloria de Dios nunca fue específicamente mencionada. Meramente se asumió que se había referido al gran reino de Dios.

El que no mencionara del todo a Dios y Su gloria, inadvertidamente puso el enfoque de los oyentes, no en Dios, sino en el seminario. Esto comunicó que ellos deberían emocionarse por lo que pasaba a través de ellos (¡lo que los gatos aman hacer!) No dijeron eso verbalmente, y ciertamente no quisieron decir eso, pero su mensaje implícito podría adquirir ese significado.

¿Podría alguno de los estudiantes o de la facultad pensar eso? No, no conscientemente. ¿Podría el presidente del seminario decir eso? No, no conscientemente. Pero sutil e inconscientemente, el daño estaba hecho. Su enfoque principal estaba en el seminario, y en segundo lugar estaba el reino de Dios. La comunicación taquigráfica vuelve a remitir nuestra atención principal a algo más que no es Dios.

Cuatro Manos

Otro ejemplo perfecto de la teología del gato, se refleja en el comprometido discurso del regreso de Greg Livingstone en 1980, a una gran iglesia evangélica denominacional. (En ese entonces, cincuenta y dos americanos habían sido tomados como rehenes en la Embajada Americana en Irán). Él había sido invitado para hablar sobre el Islam, pero en vez de pedirle que predicara el mensaje principal, solo se le pidió que diera una reseña minuciosa sobre las misiones. Fue una gran decepción, pero su corta reseña fue más poderosa que la misma predicación.

Levantándose con una pequeña presentación, preguntó: «¿Cuántos están orando por los cincuenta y dos rehenes americanos en Irán?» Cuatro mil personas levantaron sus manos inmediatamente. Él dijo: «Eso está muy bien, ahora déjenme hacerles otra pregunta, y sean honestos porque Dios está mirando. ¿Cuántos de ustedes están orando por los 42 millones de iraníes que son rehenes del Islam?»

Cuatro manos se levantaron lentamente. «¿Sólo cuatro personas? ¿Qué, ¿primero americanos y segundo cristianos? ¡Pensé que esta era una iglesia creyente de la Biblia!» Y después se sentó. (No es necesario decir, que nunca más fue invitado).

Pero tenía razón. Podemos ser primero americanos, y después cristianos. Podemos estar más emocionados con lo que Dios está haciendo en nuestra denominación, que en Su reino global. Podemos estar tan emocionados con lo que está pasando (o no) en nuestra iglesia que actualmente nos ofendemos por el avivamiento que se está levantando alrededor.

Es fácil ser un «gato» porque implica solamente las cosas buenas y seguras, que están cerca del corazón de Dios. Nos preguntamos, «¿Cómo pudimos estar tan equivocados?» En la vida cristiana, los «gatos» voluntariamente han cambiado la gloria de Dios a un segundo lugar, en razón de que las cosas buenas para ellos, deben ser las número uno.

6

SÍNTOMAS DE LA TEOLOGÍA DEL GATO

En el ferrocarril de los Estados Unidos, la medida estándar de la distancia entre los carriles, es de 1 metro, 41 centímetros. Ese es un número excesivamente impar. ¿Por qué 1 metro, 41 centímetros? ¿Por qué fue utilizada esa medida como un estándar? Fue establecida porque esa es la manera en que lo construyeron en Inglaterra, y fueron los expatriados ingleses quienes construyeron los ferrocarriles de los Estados Unidos.

Bien, ahora puede usted preguntar: «Entonces, ¿por qué los ingleses lo construyeron así?» Las primeras líneas del ferrocarril en Inglaterra fueron construidas por la misma gente que hizo los tranvías del pre-ferrocarril, y esa es la medida que usaron. ¿Y por qué utilizaron esa medida? La gente que construyó los tranvías usó los mismos patrones, plantillas y herramientas que fueron utilizadas para hacer los vagones, los cuales usan la misma distancia para las ruedas.

Ahora, probablemente usted se estará preguntando, «¿por qué los vagones tienen esa distancia particularmente impar?» Bien, si se hubiera usado otra distancia, las ruedas de los vagones se habrían quebrado en alguno de los largos recorridos de la antigua Inglaterra; desde entonces esa es la distancia de los carriles y la rueda en los caminos.

Entonces usted se pregunta: «¿Quién puso los carriles en los caminos?» Los primeros caminos de largo recorrido en Inglaterra fueron construidos por la Roma imperial para sus legiones. Los caminos se han utilizado desde entonces. ¿Y los carriles? Fueron los carros de guerra romanos los que motivaron que se hicieron los carriles iniciales, y cada quien tenía que enderezarlos por temor a que sus carros y las ruedas de sus carros fueran destruidas. Puesto que los carros fueron construidos por Roma, todos tenían la misma distancia en las ruedas. Y los carros de guerra romanos tenían que ser lo suficientemente anchos como para acomodar los extremos traseros de dos caballos.

Así es como tenemos la respuesta a la pregunta original: La medida estándar del ferrocarril de los Estados Unidos, 1 metro y 41 centímetros, se deriva de la anchura de la parte posterior de los dos caballos que jalaban un carro romano imperial.

Por ridículo que esto parezca, hay más. Aquí está el resto de la historia: Cuando vemos el transbordador espacial colocado en la plataforma de lanzamiento, vemos dos grandes cohetes de propulsión unidos a los lados del depósito principal de gasolina. Estos son cohetes sólidos de propulsión o SRB. Thiakol construye el SRB en su fábrica en Utah.

Se rumora que los ingenieros que diseñaron el SRB pudieron haber preferido hacerlos un poco más anchos. Pero el SRB tenía que ser enviado por tren de la fábrica a la plataforma de lanzamiento. El tren salía desde la fábrica y atravesaba un túnel en las montañas, y el SRB tenía que caber por ese túnel. El túnel es un poco más ancho que la vía del tren, y la vía es tan ancha como el trasero de dos caballos. Así que la característica del diseño principal, el cuál es el sistema más avanzado de transportación, ¡fue determinado por el ancho del trasero de dos caballos! (¡Algunos dicen que esta historia no es verdadera, pero como prueba un gran punto, nos encanta usarla!)

¿Ve usted la importancia de poner un fundamento apropiado? Sin él, todo se inclinará en la dirección incorrecta, ¡conduciéndolo en la dirección equivocada! Y esto pasa cuando adoptamos la teología del gato, nos conduce a alguna parte. No nos damos cuenta, pero con el tiempo, nos encontramos atrapados en una teología muy egocéntrica que nos conduce a muchos peligros.

A Debby y a mí (Bob) nos gusta como familia, llevar a nuestros hijos a pasear en bicicleta. Vivimos en el campo y los caminos son muy estrechos para pasear con seguridad, así que subimos a nuestros hijos y sus bicicletas a la camioneta y buscamos un buen lugar para hacerlo. Un vecindario cercano tiene un hermoso lago. Es divertido pasear a su alrededor y mirar las casas. Un camino funciona como entrada y salida—no hay otra forma de salir.

En un hermoso día de primavera, llevamos allí a nuestros hijos. Al empezar a pasear, tomé la delantera. Disfrutamos al mirar los hermosos árboles y jardines de las casas que pasamos. No pensando realmente en qué orientación llevaba, fui hasta el final del vecindario y di vuelta a la izquierda. Las casas en esa calle también eran hermosas. Estábamos sorprendidos, y comentábamos el estilo de cada casa y el cuidado que habían puesto en el césped.

El tiempo voló. De repente, me di cuenta de que el camino por el que íbamos estaba unido a otro camino. «Esto es extraño,» pensé, «Creí que solamente había una entrada a este vecindario". Me emocioné al pensar que había nuevas áreas por descubrir. Al acercarnos a la intersección, me di cuenta de lo que había pasado. Había puesto tanta atención en las casas que no me fijé en una pequeña vuelta en el camino, la cual nos llevó a una curva completa. ¡Habíamos dado una vuelta de 180 grados sin siquiera darnos cuenta!

Esto es lo que pasa cuando usted está inmerso en la teología del gato. Usted da una vuelta de 180 grados sin darse cuenta. Usted empieza enfocado en Dios y en Su gloria, y termina yendo en la dirección contraria, diciendo: «Todo se trata de mí».

Esta lenta vuelta de 180 grados trae problemas mayores, y a menudo no nos enteramos de ellos.

De aquí en adelante deseamos hablar sobre los «síntomas» que indican que se está practicando la Teología del Gato.

Estos son algunos de los síntomas:

1. Los «gatos» tienen una teología del bienestar.
2. Los «gatos» leen y escuchan selectivamente.

3. Los «gatos» usan la aplicación selectiva.
4. Los «gatos» tienen una teología selectiva.
5. Los «gatos» tienen un evangelio del círculo-ganador.
6. Los «gatos» piensan que la vida debe ser justa.
7. Los «gatos» desarrollan prioridades incorrectas.
8. Los «gatos» hacen oraciones egoístas.
9. Los «gatos» abrazan el humanismo.
10. Los «gatos» le roban la gloria a Dios.

La Teología del Bienestar

Sin darse cuenta, muchos cristianos tienen un proceso de filtrado mental, y sólo se enfocan en él y en memorizar versículos que los hagan sentirse bien. Es como ir al refrigerador; abren sus Biblias y únicamente buscan pasajes que los reconforten y hacen a un lado todo lo demás. Permítanos demostrarle cómo funciona esto.

Si usted ve algunos de los versículos favoritos, que memorizan los cristianos, descubrirá que estos se encuentran entre las áreas de comodidad y seguridad. A los «gatos» les gusta memorizar pasajes como el del Salmo 103:11–13:

> Porque como la altura de los cielos sobre la tierra,
> Engrandeció su misericordia sobre los que le temen.
> Cuanto está lejos el oriente del occidente,
> Hizo alejar de nosotros nuestras rebeliones.
> Como el padre se compadece de los hijos,
> Se compadece JEHOVÁ de los que le temen.

Pero pregúnteles si alguna vez han memorizado 1 Pedro 2:18, que habla acerca de ser llamado a sufrir. Contestarán, «No. ¿He sido llamado a sufrir? ¿Está seguro?»

Aman meditar en Mateo 11:28–30:

> Venid a mí, todos los que estáis trabajados y cargados y, yo os haré descansar. Llevad mi yugo sobre vosotros, y aprended de mí, que soy manso y humilde de corazón; y hallaréis descanso para vuestras almas; porque mi yugo es fácil, y ligera mi carga.

Pero pregúnteles si han meditado en Éxodo 20:5, el cual dice que Dios es un «Dios Celoso» y dirán, «No. ¿Dios es celoso? ¿Está seguro? Eso no tiene sentido».

Ellos gustosamente memorizarán Jeremías 29:11-13, e intentarán actuar como él:

> Porque yo sé «los pensamientos que tengo acerca de vosotros», dice Jehová, «pensamientos de paz, y no de mal, para daros el fin que esperáis». Entonces me invocaréis, y vendréis y oraréis a mí, y yo os oiré. Y me buscaréis y me hallaréis, porque me buscaréis de todo vuestro corazón.

Pero ellos no saben actuar como en Mateo 5:23–24, quien habla de reconciliar las diferencias antes de tener un tiempo de meditación.

Ellos ven el Salmo 40:1–3 como una verdad en sus vidas:

> Pacientemente esperé a JEHOVA,
> Y se inclinó a mí, y oyó mi clamor.
> Y me hizo sacar del pozo de la desesperación,
> del lodo cenagoso;
> Puso mis pies sobre peña,
> y enderezó mis pasos.
> Puso luego en mi boca cántico nuevo,
> alabanza a nuestro Dios.

Verán esto muchos, y temerán,
y confiarán en JEHOVA.

Pero raras veces ven la Gran Comisión en Mateo 28:18–20 como una verdad en sus vidas.

Gustosamente repiten la oración de Jabes:

¡Oh, si me dieras bendición, y ensancharas mi territorio, y si tu mano estuviera conmigo, y me libraras de mal, para que no me dañe! (1 Crónicas 4:10)

Pero nunca repiten la oración de Pablo:

A fin de conocerle, y el poder de su resurrección, y la participación de sus padecimientos, llegando a ser semejante a él en su muerte. (Filipenses 3:10)

¿Por qué no memorizan esos otros versículos?

Es simple. No los hacen sentirse bien. Y la Teología del gato es una teología del bienestar, compuesta de versículos que los hacen sentirse bien. Al hacer esto, los «gatos» comienzan a escuchar selectivamente la enseñanza de Dios perdiendo de vista la gloria de Dios en todas partes.

Leer y Escuchar en forma Selectiva

Tal vez usted esté familiarizado con la frase «Dios te ama y quiere bendecirte. Dios es bueno todo el tiempo». Usted probablemente escuchó esa frase o una similar, en la música cristiana. Creemos que a Satanás no le molesta cuando escuchamos esto y lo cantamos, o recitamos. ¿Por qué? Porque hay algunas piezas perdidas en este mensaje que Satanás sabe que son piezas clave. ¿Cuál falta? ¡La gloria de Dios! Si toda la creación y vida debe enfocarse en su gloria, ¿dónde está la gloria en ese mensaje? (aquí está otro ejemplo de «taquigrafía» en mensajes cristianos.) Algunos podrán responder, «Um, sabe, eso puede ser cierto, pero escuché la parte buena, la parte que dice que Dios me ama y quiere bendecirme, ¡y eso es lo que importa!»

Pongamos algunas frases estratégicas sobre la gloria de Dios dentro del contexto de la frase original y veamos si hace alguna diferencia. (Usted encontrará la frase original en itálica.) Se lee de esta manera:

> Dios muestra su gloria a través de toda la creación; de las galaxias al jardín, de la luz al león, de la risa de un niño al sonido del trueno. Una expresión emocionante de su gloria, se encuentra en la manera en como Él ama a la gente de todas las naciones, y en la forma en como *Dios lo ama a usted y quiere bendecirlo*.
>
> Y Él quiere que usted goce de Su gloria sintiéndose intimidado por las estrellas y el olor de una rosa, calentándose bajo el calor del sol y aprendiendo el camino del león, encantado con la risa de un niño y el ruido del trueno, y que usted sea una bendición para su prójimo y otras naciones. Su gloria llena la tierra como las aguas llenan el mar. Su gloria está en todas las cosas. *Dios es bueno* al permitirnos experimentar y compartir Su gloria *todo el tiempo*.

¿No suena eso diferente? Aunque las frases originales siguen allí, ahora se ven como una pequeña parte de un gran mensaje —un mensaje de la gloria de Dios. Dios *es* bueno todo el tiempo, pero Él es bueno al permitirnos ver, saber, acariciar, y señalar Su *gloria*. Dios quiere que nos enfoquemos en Su gloria, pero nuestra selectividad para escuchar, quita nuestro enfoque de lo que Dios está haciendo por nosotros.

Cuando yo (Bob) estaba hablando en una conferencia en Liberia, acababa de enseñar este principio y al final, el maestro de ceremonias se levantó y empezó a corear «Dios es bueno», y la gente contestaba, «todo el tiempo». Esto se repitió dos o tres veces, y luego el maestro de ceremonias cambió el orden diciendo: «todo el tiempo», y la gente respondió: «Dios es bueno».

Al empezar a corear, me levanté y rodeé con mi brazo al maestro de ceremonias y le dije, «Debe tener mucho cuidado cuando dice eso porque puede enfocarse en usted mismo y no en la gloria de Dios. Vamos a intentar con una frase nueva. Yo diré: 'Dios es celoso,' y usted repetirá: 'Todo el tiempo'. Luego cambiaremos y yo diré: 'Todo el tiempo', y usted dirá, 'para su gloria'». Cuando los 250 pastores empiecen a gritar, «para su gloria», podrá ver un cambio en la multitud. Así se darán cuenta de que todo es sobre Dios. Lo comprendieron, porque cambió algo que era familiar para ellos, y los llevó al cambió de enfoque en sus mentes.

Muchos de nosotros hemos visto versículos bíblicos memorizados pegados al refrigerador o a los espejos. Vemos versículos como Efesios 2:6–7, «y juntamente con Él nos resucitó, y asimismo nos hizo sentar en los lugares celestiales con Cristo Jesús...». ¿Observó que no está completa la oración? Los «gatos» eligen memorizar solamente la parte de la oración que es sobre ellos. Es muy fácil enfocarnos en nosotros mismos al leer la Palabra de Dios. Elegimos versículos que aluden a nosotros, pero no nos tomamos la molestia de memorizar la parte que no se refiere a nosotros. Ese versículo continúa con las palabras «para qué». ¿Se ha preguntado que viene después? ¿Puso atención a ello?

Con la frase «para qué» viene la razón de *por qué,* Dios lo salvó a usted y a mí. Dios dice que hay un propósito en ello, hay una razón del porqué de la salvación. ¿Cuál es? ¿Por qué nos salvó? El resto del versículo completa el pensamiento y responde la pregunta: «para mostrar en los siglos venideros las abundantes riquezas de su gracia en su bondad para con nosotros en *Cristo Jesús*» (v. 7, énfasis agregado).

¡Dios lo salvó y me salvó para mostrar Su gloria! Qué pensamiento tan asombroso. Dios debe tener tanta gloria, tanta gracia y misericordia, que Él quiso expresarla por toda la eternidad. ¡Él nos creó de modo que pudiera rociar Su gloria sobre nosotros por siempre y siempre y siempre!

Ahora, observe algo en este pasaje. Dios se refiere cuatro veces a Él mismo con «él,» «su,» «su,» y «Cristo Jesús». Cuatro veces hace referencia a Él, y solamente una a nosotros. Rápidamente, ¿en qué nos enfocamos en este versículo? Nos enfocamos en «nosotros» y decimos: «¡Gloria a Dios! Es todo sobre nosotros, Dios. Tú moriste en la cruz por nosotros, para levantarnos, para sentarnos al lado de Cristo».

Bien, Él lo hizo, pero en el contexto de expresar Su misericordia a través de los siglos venideros. Nuestra selectividad al escuchar y leer, parecen filtrar y sacar la parte del plan de Dios de mostrar Su gloria. En lugar de eso, nos enfocamos en la parte que es sobre nosotros.

Juan 3:16 es otro ejemplo. ¿Sabía usted que los «perros» y «gatos» leen Juan 3:16 de diferente manera? A continuación hay un ejemplo de cómo los «perros» leen e interpretan Juan 3:16. (El paréntesis representa lo que un «perro» está pensando al reflejarse en el versículo).

- «Porque de tal manera amó (¿Este Dios ama incondicionalmente? ¿Incluso cuando usted lo ofende? ¡Esto es increíble!)
- Dios (El Alfa y Omega, el Gran Yo Soy, el Señor Dios Todopoderoso)
- al mundo (¿Porqué nosotros? Somos pecadores desde que nacemos. Somos impuros, tan egoístas. Nuestros corazones están desesperadamente enfermos. ¿Está Él seguro de esto?)

- que dio a su Hijo Unigénito (¿Dio a su Hijo? ¿Su *único* Hijo? ¿Tomó nuestro castigo sobre él? ¿Él es el sacrificio? ¡Pero es inocente!)
- para que todo aquel que en él cree (¿Quiere decir, cualquiera? ¿Cualquier hombre, mujer, o niño? ¿Un hindú? ¿Un musulmán? ¿Un budista? ¿Cualquier persona de una tribu? ¡Esto da tanta esperanza!)
- no se pierda sino que tenga vida eterna». (¿Él perdona los pecados de cada uno? ¿No tenemos que pagar por todas las cosas malas que hemos hecho? ¿Seremos justos, puros, y santos? ¡Él es tan misericordioso! ¡Él es maravilloso!)

Ahora los «gatos» leen Juan 3:16 también, pero lo leen e interpretan con un énfasis diferente (encerrado en paréntesis). Así es como los «gatos» leen el versículo:

- «porque de tal manera amó Dios (Si, está bien, grandioso, es sobre Dios. Ahora continuemos con esto).
- al mundo (¡Esos somos nosotros! ¡Es sobre nosotros! ¡Esto es maravilloso! ¡Dios hizo todo para nosotros!)
- que dio a su único Hijo (¡Sí! ahora, déjeme pensar; oh sí, «Celebrar a Cristo celebrar». No tenemos que repetir eso muchas veces, ¿o sí?)
- para que todo aquel que en él cree (¡Oye, somos *nosotros* otra vez! ¡Esto es grandioso! ¡Dios está haciendo todo esto por *nosotros*!)
- no se pierda sino que tenga vida eterna». (¡Qué tal, vida eterna! No puedo esperar. Cuando vaya al cielo, espero tener una gran casa, con terreno cultivable quizá cerca de una hermosa cascada; y quiero muchos cuartos grandes, y espero que podamos seguir viendo televisión y jugar tenis y golf. Voy a divertirme mucho. ¡Qué Dios!)

Usted puede ver obviamente una gran diferencia. Los Cristianos «perros» se maravillan porque Dios los ame, punto. No es solamente que Dios los ame sino que Él ame a todos y a cada uno —musulmanes, budistas, hindúes, y otros. Los «gatos» sólo se enfocan en el hecho de que Dios los ama. No pueden ver más allá de ellos mismos.

Aplicación Selectiva

La verdad es que, los «gatos» raras veces leen, mucho menos memorizan pasajes que hablan de dificultades en la vida, porque no los hace sentirse bien. Y si sólo se enfocan en lo que los hace sentirse bien, se presenta otro síntoma. Podemos llamarlo «aplicación selectiva».

Si los «gatos» sólo están leyendo y escuchando porciones selectas de las Escrituras, tiene sentido que sólo apliquen porciones selectas de las Escrituras, a sus vidas. Entonces fuera de la lectura y del escuchar selectivos, nace la aplicación selectiva. En la aplicación selectiva, los «gatos» únicamente aplican las partes de la Escritura que hablan para su beneficio; las que hablan de bendiciones. La tendencia de un «gato» es aplicar solamente aquellas que se añadan a su sentido de bienestar.

En una reunión de liderazgo en A rizona, algunos profesionales enseñaban a líderes de la Organización Fronteras, cómo llegar a ser mejores líderes en su organización. El experto en liderazgo empezó su presentación de esta manera:

«¿Tenía Dios un plan para la vida de Abraham?»
(La respuesta obvia fue sí).
«¿Tenía Dios un plan para la vida de Moisés?»
(La respuesta obvia fue sí).
«¿Tenía Dios un plan para la vida de David?»
(La respuesta obvia fue claro que sí).
«¿Tenía Dios un plan para la vida de Pablo?»

(De Nuevo, la respuesta obvia fue sí).
«¿Tiene Dios un plan para su vida?»
(¡La respuesta implícita fue sí!)

Alguien debió haber levantado la mano y dicho: «Disculpe, disculpe, es muy arrogante de mi parte pensar que estoy en el nivel de Moisés. Estos fueron hombres que Dios escogió de una nación entera. Aquí estoy sentado con otros siete escuchando el mismo mensaje; ¿cómo podemos ser todos un Moisés, un David, un Abraham, o un Pablo? Estos fueron hombres escogidos por Dios para dirigir una nación entera. ¿Nos está pidiendo Dios que nos identifiquemos con Moisés? Parecería mejor si nos identificáramos con algunas personas con quienes convivimos diariamente, quizá con las que vivieron como esclavos toda su vida bajo la cautividad de Egipto».

Pensemos sobre esta situación: Diez generaciones vivieron bajo la cautividad de Egipto. (Cuatrocientos años en cautividad, dividida por cuarenta, que es la duración de una generación. Eso significa que hubo diez generaciones.) ¡Y sólo *una consigue* la libertad! Cuando los «gatos» quieren enseñar una lección sobre este periodo de la historia, ¿en qué se enfocan? ¡Se enfocan en la generación que obtiene la libertad y asumen que Dios quiere que todos nosotros seamos libres también!

La Teología del perro nos pide que planteemos otras preguntas: ¿Amaba Dios las otras generaciones en cautiverio? «¡Absolutamente!» dice usted. ¿Tenía Dios un plan para sus vidas? «Definitivamente», responde usted. ¿Cuál era el plan de Dios para sus vidas? (a los «gatos» no les gusta esta parte). Nacer como un esclavo, vivir como un esclavo, y morir como un esclavo, ese era el plan de Dios para sus vidas. ¿Por qué? Porque no se trata de ellos; se trata de Sus propósitos. Una de las razones por las que Dios usó la cautividad fue para enseñarles a las futuras generaciones a ser amables con la gente de otros países que vivía alrededor de ellos. Lea Deuteronomio 24:18.

Entonces, ¿por qué los «gatos» no aplican en sus vidas la lección de vida de las primeras nueve generaciones? Usando la aplicación selectiva, sólo la última tiene algo deseable para sus vidas. Ellos naturalmente quieren aplicar y enfocarse en ello, sin considerar que quizá pueda haber lecciones de vida que aprender de algunas de las primeras generaciones que fueron esclavas.

Seamos honestos. ¿Cuántas predicaciones o lecciones ha escuchado (o enseñado) sobre el cautiverio y la libertad bajo los egipcios? ¿Cuántos de ellos se enfocaron en Moisés y en la salida del cautiverio, y cuántos se enfocaron en aquellos que nacieron en cautiverio, vivieron en el cautiverio, y murieron en el cautiverio? Ciertamente podemos enseñar la lección del cautiverio, a la libertad. O podemos enseñar una lección muy diferente: una que dice, Dios quiere que usted viva, coma, respire, y muera en cautiverio para enseñar a las futuras generaciones una lección. Obviamente, no será el más grande vendedor, pero es una lección válida y una que probablemente necesita ser oída y aceptada.

¡Todo es sobre Dios, no sobre nosotros!

No le estamos haciendo a la familia de Dios ningún favor, si solamente la estamos preparando para lo bueno, para la felicidad, y para acontecimientos de bendición en la vida. Desastres, crisis, dolor, frustración y más son, cada uno, parte de la vida, y las lecciones no nos preparan para eso. De hecho, algunos «gatos» enseñan que los cristianos es tán exentos de estos acontecimientos. Si eso fuera cierto, alguien necesita visitar a los profetas, a los discípulos, a Pablo, a Daniel, a David, a Esteban, a los primeros santos quienes fueron martirizados, y a Job ¡para pedirles que se apeguen al programa!

¿Cada lección es incorrecta? No. Pero una se trata con descuido (no es incorrecta, solo __________) debido a la aplicación selectiva.

Este no es el único lugar en la Biblia donde los «gatos» han usado la aplicación selectiva. Hay muchas historias donde las lecciones que han elegido para enseñar son positivas, con todo, hay otras lecciones que aprender del mismo pasaje.

Por ejemplo, ¿por qué no enseñamos lecciones como las siguientes?

- ❖ Sus hermanos van a venderle como esclavo de modo que Dios pueda usarle en una tierra extranjera. (La historia de José).
- ❖ Dios tal vez quiera que se case con una persona de otra cultura para que así pueda crear un vínculo con su suegra y demostrarle bondad después de que su esposo muera. (La historia de Rut).
- ❖ Usted debe ser un profeta en la iglesia, estará encarcelado, y no verá fruto en muchos de sus años de ministerio (la historia de Jeremías).
- ❖ Dios tal vez quiera que nuestro país sea invadido y devastado para que el evangelio sea esparcido fuera de él. (La dispersión).
- ❖ Dios tal vez quiera que usted sea lanzado a un horno de fuego para mostrar su poder (la historia de Sadrac, Mesac, y Abednego).
- ❖ Dios tal vez quiera que usted sea apedreado hasta morir (la historia de Esteban).
- ❖ Dios tal vez quiera que usted sea sacado de su casa a la fuerza, y que llegue a ser un líder en otro país, y luego ser traicionado y echado al foso de los leones (la historia de Daniel).
- ❖ Dios tal vez quiera que haya una hambruna en su tierra de modo que usted pueda salir de allí e ir a otro país y

compartir su fe (Primer viaje misionero de Abraham a Egipto en Génesis 12:10).

- Dios tal vez quiera que usted sea llevado cautivo para alcanzar a otra gente (la joven en 2 Reyes 5).
- Dios tal vez lo pruebe quitándole todos sus bienes, permitiendo que sus hijos mueran, e infligiéndole con dolor severo (la historia de Job).
- Dios tal vez quiera que usted vaya a la cárcel para compartir su fe con otros. Que sea azotado con varas, que sea apedreado, que naufrague, que esté desnudo, con frío, hambriento, y que sea azotado con un látigo 39 veces en varias ocasiones (la historia del apóstol Pablo).

¿Por qué no enseñamos frecuentemente estas lecciones? Francamente, ¡no venden bien! Si no venden bien, entonces, por supuesto bajará la asistencia en la iglesia. Con poca asistencia, disminuirá el ingreso económico; y con poco dinero..., no puede hacer más para el reino de Dios.

El resultado final es que la Teología del gato es incompleta, y ocasionalmente, rotundamente negativa. Si usted es honesto, se dará cuenta que la teología del gato se está extendiendo. Está proliferando en nuestras iglesias como un silencioso y mortal cáncer. De hecho, si significa complacer a las masas, los teólogos del gato irían tan lejos hasta cambiar su teología. Y es aquí donde el siguiente síntoma aparece: la teología selectiva.

Teología Selectiva

Usando la teología selectiva, los cristianos «gatos» justifican esos pasajes o situaciones difíciles interpretando las Escrituras de la manera que quieren. Recuerde, este tipo de razonamiento está basado en la premisa de que todo es sobre nosotros.

Por ejemplo, tomemos el tema del divorcio. Quizá usted ha escuchado a un ser querido, o a una madre tal vez, mientras trata de consolar a su hijo(a) quien está enfrentando un posible divorcio. «Mira, no está funcionando y estás experimentando un profundo dolor emocional, Dios quiere que seas feliz», dice ella. «Aunque no es lo mejor, ve y divórciate. Sólo hazlo. Dios no quiere que sufras de esta manera».

No hay allí ni una palabra sobre la voluntad de Dios o de Su gloria; es todo sobre la felicidad de la persona. ¿Quiere Dios que la gente sea feliz? Sí, Dios quiere que seamos felices, pero Él quiere que seamos felices *en* Él, a través de nuestra obediencia. Dios no va a justificar el pecado sólo por hacer feliz a alguien. Es nuestra felicidad *en* Él lo que le importa, no simplemente nuestra felicidad.

Otros temas difíciles encajan aquí también. Veamos el tema de la homosexualidad. Algunos podrán decir: «Esta es la manera en que Dios me hizo. Si Dios me hizo así, creo que está bien. Después de todo, voy a serle fiel a mi compañero. ¿Y qué daño se está haciendo de todos modos?»

Con una teología centrada en la gente, la respuesta es ninguno. Pero si su enfoque está en la gloria de Dios, no estaría recibiendo solamente una respuesta diferente, sino que también estaría haciendo diferentes tipos de preguntas. Dios es claro. Él no aprueba la homosexualidad. Esa no es la forma en que Dios diseñó a la humanidad para que funcionara, incluso si no se está dañando a nadie. Y si a Dios no le agrada, no debe hacerse. No se trata de lo que nos gusta o queremos. Debemos recordar, que todo aquí es para Su agrado, no para el nuestro. Si no le agrada a Dios, no lo haga, no importa cuan «políticamente correcto» parezca.

Estos temas se mueven de micro (pequeños temas en nuestra teología) a macro (grandes temas), con cosas como la teología de la aniquilación. La Teología de la Aniquilación declara que después de cierto periodo de tiempo, Dios simplemente aniquila a aquellos que están en el infierno. Él es un Dios de amor y no quiere que sufran por mucho tiempo. El pensamiento detrás de esto es: sé que he pecado, pero mi pecado no es tan grande.

¿Por qué alguien tendría que pagar una pena eterna por un pecado finito? El pecado temporal no puede ser digno de pena infinita. Si voy al infierno, debería pagar por cierta cantidad de pecado, y luego probablemente Dios me destruya y deje de existir.

Observe que la Teología de la Aniquilación se enfoca en la gente, ¡El deleite de un gato teólogo! Esta trata de encontrar una solución aceptable. Una que no nos incomoda y que contesta la gran pregunta de lo que pasa con los pecadores que están sufriendo eternamente después de morir. La Teología de la Aniquilación no proviene de lo que Dios dijo sino de la Teología del Gato. Los «gatos» terminan diciendo algo diferente a lo que Dios dijo.

En lo que los «gatos» han fallado es en darse cuenta, que no se trata de los años de pecado que han cometido a lo largo de su vida. Se trata de un Dios eterno quien es infinitamente glorioso y esa gloria ha sido rechazada. Puesto que la gloria que han ofendido es infinita, su pena será también infinita. Los cristianos «perros» se enfocan en un Dios eterno con infinita gloria; los «gatos» en la gente y en el pecado que han cometido.

La teología del gato puede presentar otros ejemplos de pensamiento erróneo que van más allá de la Palabra de Dios. Veamos el Universalismo. El Universalismo pregunta, ¿cómo podría un Dios amoroso enviar a alguien al infierno? No debería si es un Dios de amor. Por lo tanto, todos irán al cielo. Si esto es verdad, entonces no hay una necesidad real para las misiones. La gente irá al cielo de cualquier manera. Si todo es sobre la gente, ¡Dios permitirá que todos vayan al cielo! Seguramente Dios no desearía, o permitiría, que una persona sufriera. (¡Recuerde es sobre la gente!) Los «gatos» pasan por alto el sentido de justicia de Dios.

Con la Teología Selectiva, los «gatos» eliminan de una manera amplia lo que podría poner en peligro a la humanidad. Lo racionalizan aparte y optan por teologías que son «políticamente correctas» y seguras para ellos. Interpretan la Escritura de la manera que quieren, y la tolerancia se convierte en la llave. Hacer felices a todos. ¿Por qué? Los «gatos» piensan: «todo es sobre nosotros".

7

SUPONER QUE LA VIDA DEBE SER JUSTA

Los niños pueden añadir tal perspectiva a la vida (¡y darnos grandes ejemplos para usar como introducción al capítulo de un libro!) Como me ha sucedido a mí (Bob). Estoy en un «campamento de entrenamiento» con noventa niños, cuyas edades van desde los siete hasta los dieciocho años, que están entrenando para un programa de alcance evangelístico a través de nuestra iglesia. Nuestro grupo, *Constructores de Puentes*, ha tomado el control de la iglesia por una semana. Todos los noventa niños, junto con muchos padres, están durmiendo en los pisos, bañándose afuera en traje de baño, en regaderas temporales. Comiendo juntos, orando juntos, y adorando juntos.

Cada día, todos los noventa niños son entrenados con coreografías para bailar canciones. Después van y actúan en lugares públicos. Cada año hacemos esto, pero este año hubo una pequeña diferencia. Tenemos a un nuevo líder enseñando la coreografía. Este es el tercer año de mis hijos, y ellos saben qué esperar. El año pasado los dos mayores no participaron en ciertas canciones debido a su edad. Había solo una canción para los niños mayores. Todo el resto de año estuvimos oyendo, «pero eso no es justo. Podemos hacerlo muy bien". Tenían razón, pero esas eran las reglas.

Pero ahora ellos son mayores. Vinieron con una nueva perspectiva. Sí, este año las cosas van a ser diferentes, porque los van a necesitar en cada canción. Pero surgió un inconveniente. Jaime, el coreógrafo de este año, es nuevo en *Constructores de Puentes*. Él no conoce las «reglas», y no necesita conocerlas. Él tiene sus propias reglas. Y sus reglas dicen que todos los niños de todas las edades van a bailar todas las canciones. Ahora mis hijos mayores están diciendo lo mismo que el año pasado pero en diferente tono. « ¡Ey, eso no es justo! Nosotros tuvimos que esperar, ellos deberían esperar también". ¡Lo que no fue justo el año pasado (porque no pudieron hacerlo) ahora debería ser la regla (porque ahora ellos estaban incluidos)!

Mis hijos pasaron por mucha angustia por un simple principio. Ellos piensan que la vida debe ser justa. Sacaron esto de la teología del gato que gira a su alrededor. Este es otro de sus grandes peligros. Los «gatos» siempre suelen suponer que la vida debe ser justa. Cuando no lo es, cuando encuentran los traumas de la vida diaria, gritan, «Oh, pero eso no es justo, Dios".

¿Es Dios Justo?

Para obtener mayor conocimiento y comprensión en este tipo de situaciones molestas, vamos a ver tres estudios de caso de personas en la Biblia que encontraron varias formas de revelar la gloria de Dios: el primero es Jabes, cuya historia se cuenta en 1 Crónicas 4:10, (el ahora famoso libro titulado *La Oración de Jabes* está basado en este pasaje); el segundo es la joven encontrada en 2 Reyes 5:1–15; y el tercero es Esteban, quien probablemente es el más familiar. Su historia se encuentra en Hechos 6–7.

Veamos el primer caso-estudio. No sabemos mucho de Jabes. La Biblia solo registra una pequeña mención de su nacimiento y la oración que hizo. El párrafo que se refiere a su historia nos dice que Jabes le pidió a Dios: «E invocó Jabes al Dios de Israel, diciendo: !!Oh, si me dieras bendición, y ensancharas mi territorio, y si tu mano estuviera conmigo, y me libraras de mal, para que no me dañe! Y le otorgó Dios lo que pidió». (1 Crónicas 4:10).

Al analizar su historia, encontramos que invocó al Dios que todo lo puede, y le pidió cinco peticiones simples, enfocadas en Dios, no como las que nosotros quizá pudiéramos pedir.

1. Oh, si me bendijeras
2. Y ensancharas mi territorio
3. Si tu mano estuviera conmigo.

4. Y me libraras del mal.
5. Para que no me dañe (cero dolores).

¿Cómo responde Dios a esto? Después de todo lo que hemos hablado hasta aquí, esta no suena como un ejemplo típico de la oración de un gato «donde todo–es–sobre–mí». ¿Cómo trata Dios con este hombre? ¿Le dice: «Oiga amigo, tenga ánimo. Voy a enviar a mi Hijo a la cruz donde soportará gran dolor. Va a ser traspasado con clavos en sus manos y pies. Va a ser coronado con espinas, golpeado y azotado hasta que la sangre brote de su espalda, y va a sudar sangre. Recuerde esto: Todo el que desee ser santo y vivir una vida santa será perseguido. Necesita acostumbrarse a eso, así que esfuércese. ¡Aprenda a llevar su propia cruz!?»

Él pudo decir eso, pero no lo hizo. Al leer, encontramos que Dios le concedió su petición. ¿Él, qué? ¿Le concedió su petición? Sí, leyó correctamente. (Probablemente usted ya sabía eso porque existe la probabilidad de que usted ya haya leído *La Oración de Jabes*). Dios, en esencia, le dijo: «¡Lo tienes, los ocho metros completos son tuyos, y quiero que los tengas!» (En ninguna parte de este libro dice que «Dios no quiere bendecirlo». Estamos advirtiendo contra la idea de enfocarnos en que Dios vive para usted y vive para bendecirlo, como si eso fuera una prioridad más alta que irradiar Su propia gloria).

Enseguida, vayamos a nuestro segundo personaje. No sabemos su nombre, tendremos que sentirnos satisfechos con llamarla una joven muchacha. Su historia se encuentra en 2º de Reyes capítulo 5. Al empezar la lectura, tendremos que tener cuidado del contexto. Esta joven muchacha judía, fue llevada cautiva durante la guerra a una tierra extranjera y fue esclavizada. Su ama era la esposa de Naamán, el segundo al mando del ejército enemigo. Este hombre, quien era grandemente responsable por todas sus aflicciones, contrajo lepra. Ella entonces habló a su señora sobre Dios.

Para entender mejor el predicamento de esta joven, tenga en mente algunas actividades detrás de escena. Después de haber oído historia tras historia, sobre lo que pasó en el África francesa del oeste durante algunas de sus recientes guerras civiles, casi podemos garantizar que lo siguiente, cabe dentro de la posibilidad de lo que pudo haberle sucedido a nuestra joven del pasaje en mención . Enfrente de el la , Naamán o sus hombres , probablemente cometieron los siguientes actos:

1. violaron a su madre
2. mataron a su padre
3. mataron a sus hermanos mayores
4. la violaron a ella y la llevaron lejos como esclava

Piense en todo el bagaje emocional que esta joven llevaría dentro de sí, ¡eso habla de una disfunción! Bueno, ¡estaría fuera del mapa! Ahora puede ser que tenga sentido si leyéramos lo que le dice a su señora, «bien hecho lo que le pasa al amo». Esa sería una respuesta comprensible a la serie de acontecimientos injustos cometidos contra ella; pero no es lo que ella dijo. En su lugar dijo: « ¡Si tan solo mi amo viera al profeta que está en Samaria! Él lo sanaría de su lepra» (2 Reyes 5:3).

¿Leímos eso correctamente? Esta joven probablemente pasó por toda la angustia y confusión ya mencionadas, pues eran las costumbres de los ejércitos que ganaban las batallas y llevaban prisioneros de guerra, pero aun así ¡sabía perdonar! ¿Tenía un corazón para la gloria de Dios? Sí, eso es lo que el texto dice.

¿Cuál fue el resultado de su bondad? Usted conoce la historia. Naamán buscó al profeta y fue sanado. Después se paró delante del profeta y dijo: «He aquí ahora conozco que no hay Dios en toda la tierra, sino en Israel» (2 Reyes 5:16).

Este hombre, un gentil, el hombre «número dos» en autoridad en el ejército de su país, se paró y testificó del Dios de

Israel. Naamán, un líder gentil, ¡reconoció a Dios sólo porque una joven supo perdonar y tuvo un corazón para la gloria de Dios!

Tercero, vayamos a la vida de Esteban, que se encuentra en Hechos 6–7. Usted probablemente está familiarizado con su historia. La Biblia dice que Esteban estaba lleno de gracia y poder. Dice que él hizo grandes maravillas y realizó señales milagrosas entre la gente. Pero el Sanedrín se le opuso, y sobornaron a unos para que mintieran en su contra. Él fue arrestado y llevado al concilio.

Al oír el público su testimonio, muchos se taparon los oídos, y dando grandes voces, arremetieron contra él, lo sacaron de la ciudad y lo apedrearon. Fue apedreado hasta morir aunque estaba lleno de la gracia y poder de Dios. (¿No es interesante que usted esté lleno del poder de Dios y aun así sea apedreado hasta morir?)

La pregunta equivocada

Hagamos ahora un repaso. Vimos tres vidas. Una fue completamente bendecida (Jabes), una vivió la experiencia del infierno en la tierra, para tocar la vida de un gentil (la joven muchacha), y una estaba llena del poder y gracia de Dios y fue apedreada hasta morir (Esteban) —tres vidas totalmente diferentes.

Ahora, aquí está una simple pregunta para usted: ¿Con cuál vida fue justo Dios? ¿Con la que bendijo completamente, con la que pasó por gran sufrimiento para alcanzar a un gentil, o con la que fue apedreada hasta morir? Aunque esta es una pregunta que la mayoría de la gente aceptaría, realmente es la pregunta incorrecta. La vida no fue diseñada para ser justa. ¿De dónde sacamos siempre esa idea?

La vida fue diseñada con una serie de acontecimientos que revelan la gloria de Dios y nos dirigen a nosotros y a otros hacia esa gloria. ¡Sobre eso trata toda la vida! Pablo escribe, «Si, pues, coméis o bebéis, o hacéis otra cosa, hacedlo todo para la gloria de Dios» (1 Corintios 10:31). Si es cierto, que nuestro propósito es vivir para Su gloria, hagamos una pregunta diferente:

¿Cuál de estas vidas dirige hacia ellos mismos o a otros, la gloria de Dios? ¿La que fue completamente bendecida? ¿La joven que tocó la vida de un gentil? ¿O el hombre lleno del poder y la gracia de Dios que fue apedreado hasta morir?

Naturalmente la respuesta es que las tres glorificaron a Dios. Una lo hizo pidiéndole a Dios Su bendición. Y Dios lo hizo. Y Jabes le dio la gloria a Dios. Esto demuestra la gracia y benevolencia de Dios como Padre. La joven muchacha judía sabía perdonar, aunque había pasado por una vida de infierno. Todo esto señalaba grandemente la gloria de Dios al vivir a través de ella. La joven muchacha fue usada para influenciar a un hombre gentil de gran autoridad y para mostrar el deseo de Dios de alcanzar a la gente de todas las naciones. Del tercero, seguimos hablando hasta ahora como un ejemplo, de un hombre que vio un gran valor en Dios y que estuvo dispuesto a morir por ello.

Pablo comprendió esta idea. Veamos otra vez, más de cerca, Romanos 11:36, «Porque de él, por él, y para él son *la mayoría de las cosas*". ¿Eso es lo que dice? ¡No! la Biblia no dice: «la mayoría de las cosas»; dice, «todas las cosas». «De él, por él y para él son *todas* las cosas». ¿Cuánto es todo? Pues, *todo*. *Todo* —no *algo*, *mucho de*, o la *gran mayoría* de. ¡Es *todo*!

Los árboles nos dirigen a Dios; los cielos declaran Su gloria; la unicidad de su creación botánica muestra Su creatividad; el nacimiento de un niño es maravilloso; el rugido del león nos dirige hacia él. Los accidentes de automóvil nos dirigen hacia Dios; el cáncer nos dirige hacia Dios; los infartos nos dirigen hacia Dios. Una muerte temprana nos dirige hacia Dios. *Todas* las cosas nos dirigen a nosotros y a otros hacia

Él —no la mayoría, mucho de, o incluso la vasta mayoría de, sino *todas* las cosas.

R. C. Sproul, en su libro *La Mano Invisible,* dice de esta manera: «Para el cristiano, cada tragedia es en última instancia una bendición, o Dios es un mentiroso...»7 Es decir, que todo —no sólo las cosas buenas—, se diseñó para llevarnos a Dios. Cualquier cosa que nos lleve a arrodillarnos es una bendición, porque la vida fue diseñada para ayudarnos a encontrarnos uno-a-uno con el Dios viviente. Y si algo que pase causa que nos arrodillemos, es una bendición porque nos dirige al propósito de la vida —conocer a Dios, adorarlo, y alabarlo.

No hay nada que pueda pasar en la vida de un cristiano «perro» que no lo dirija a Dios. Por lo tanto, el propósito principal de la vida es dirigirnos a la gloria de Dios en medio de bendiciones *y* en medio de tiempos difíciles. Todo lo que cause oportunidad de glorificar a Dios. Ese es el motivo por el cual Corrie ten Boom podía seguir adorando a Dios en un campo de concentración alemán.

El versículo clave de un cristiano «perro» se encuentra en Habacuc 3:17–18:

Aunque la higuera no florezca,
ni en las vides haya frutos,
aunque falte el producto del olivo
y los labrados no den mantenimiento,
y las ovejas sean quitadas de la majada,
y no haya vacas en los corrales,
con todo, yo me alegraré en JEHOVA,
y me gozaré en el Dios de mi salvación.

Los «gatos», por otro lado, solo ven las bendiciones como parte de Dios; siempre esperan que las bendiciones estén al tope y siempre esperan ser ganadores. Cuando llegan las cosas malas, hacen una cruz con sus dedos, como resistiendo a un vampiro y dicen: «Vete de mí, Satanás».

Los cristianos «perros» saben que Cristo no prometió facilidad ni comodidad en esta vida ni que el cristianismo sería fácil. ¡La vida fue diseñada como una serie de oportunidades para vivir e irradiar la gloria de Dios!

8

EL EVANGELIO DEL CÍRCULO DE GANADORES

El Evangelio del Círculo Ganador

Si Dios tiene un propósito, ¿puede costarnos la vida? ¿Sabe o se ha preguntado alguna vez, qué pasó con los cincuenta y seis hombres que firmaron la Declaración de Independencia de los Estados Unidos? Veamos:

Cinco de los firmantes fueron capturados como traidores por los británicos, y torturados antes de morir. Los hogares de doce de ellos fueron saqueados y quemados. Dos perdieron a sus hijos en la guerra de la revolución. A otros les capturaron dos hijos. Nueve de los cincuenta y seis, lucharon en la guerra de la revolución y murieron por las heridas recibidas. Todos ellos firmaron, a sabiendas de que comprometían sus vidas, sus fortunas, y su honor.

¿Qué clase de hombres eran? Veinticuatro eran abogados y juristas; once, comerciantes; nueve, granjeros y dueños de grandes plantaciones. Todos eran hombres de recursos, bien educados, y con mucho que perder. Pero ellos firmaron esa Declaración de Independencia sabiendo muy bien que si eran capturados, el castigo sería la muerte.

Carter Braxton de Virginia, un rico plantador y comerciante, vio sus barcos hundirse por el ataque de la marina de guerra británica. Vendió su casa y sus propiedades para pagar sus deudas, y murió en la pobreza.

Thomas McKeam fue perseguido por los británicos y tuvo que mover de lugar a su familia constantemente. Sirvió al Congreso sin recibir salario, y su familia se mantuvo oculta. Le quitaron sus posesiones, y la pobreza fue su recompensa. Los vándalos y los soldados también saquearon las propiedades de Dillery, Hall, Clymer, Walton, Gwinnett, Heyward, Ruttledge, y Middleton.

En la batalla de Yorktown, Tomás Nelson hijo, observó que el general británico Cornwallis había tomado la casa de los Nelson como su cuartel general. Urgió al General George

Washington para abrir fuego. La casa fue destruida, y Nelson murió arruinado.

La casa y propiedades de Francis Lewis fueron destruidas. El enemigo encarceló a su esposa, quien murió pocos meses después. John Hart fue arrancado a la fuerza del lado de su esposa, mientras ella estaba muriendo. Sus trece hijos huyeron para salvar sus vidas. Sus campos y sus molinos se perdieron. Por más de un año vivió en el bosque y en cuevas, volvió a su casa par a encontra r a su espos a muert a y a sus hijos desaparecidos. Unas semanas después, murió de agotamiento y con el corazón destrozado. Norris y Livingston sufrieron destinos similares.

Tales son las historias y los sacrificios de la Revolución Americana. Estos no eran rufianes, ni salvajes, ni agitadores. Eran hombres de hablar suave con recursos y educación. Estos hombres tenían una confianza firme en la providencia divina; con todo sufrieron y murieron. La divina providencia ¿se apartó de ellos? No, no del todo. Dios cumplió su deseo, y la libertad fue establecida en un nuevo país que reflejaría y esparciría Su gloria. El objetivo de Dios era el cumplimiento de esto; no era el salvar fortunas, familias, o fama de los hombres involucrados. Dios también tiene otros objetivos, y no necesariamente incluyen nuestra fama y fortuna. Pueden serlo, o no. Dios vive para Dios, y estamos aquí para irradiar Su gloria.

Anteojeras Culturales

Por ejemplo los cristianos «gatos» nunca pensarían que Dios le pediría a cualquier cristiano que sufriera de esa manera, porque ellos cuando interpretan las Escrituras están usando las «anteojeras culturales»; es decir, interpretan las Escrituras solamente a la luz de los últimos cuarenta a sesenta años de la historia americana. Pongámonos al día de lo que ha pasado en todos estos años en esa nación.

Hemos puesto a hombres en la luna. Construido aviones que pueden llevar a cientos de personas alrededor del mundo en veinticuatro horas. Hemos visto la caída de la Unión Soviética y ganado muchas guerras. Las computadoras de escritorio y portátiles son ahora comunes. Los teléfonos celulares son usados en el mundo entero. Y a través de mucho de esto, por lo general tenemos un mercado de valores al alza, que ha incrementado la fuente de riquezas de Norteamérica. Ha habido excepciones (los ataques terroristas del 11de septiembre, del 2001, es una de ellas), pero básicamente las cosas han ido bien.

¿Qué podemos aprender, sin tomar en cuenta nuestros antecedentes históricos? A la luz de los avances tecnológicos, podemos soñar y hacer cualquier cosa. Con nuestros enemigos derrotados, siempre esperamos estar en la cima. El alza en nuestro mercado de valores nos ha enseñado a esperar siempre lo mejor. Como resultado, nos guste o no, los «gatos» *siempre* se identifican con el ganador, con la victoria, y con el campeón en las Escrituras.

A los «gatos», les gusta el caballo más rápido y al final de la carrera esperan estar en el círculo ganador. Siempre se identifican con el personaje principal, nunca con los personajes secundarios —porque esos no son los famosos. Quieren y esperan que la vida sea segura, suave, y cómoda, y esperan siempre estar en la cima. Creen que eso es lo que desea Dios para todos nosotros.

Los cristianos «perros» buscan lecciones fuera del círculo ganador. También buscan personajes de menor importancia. ¿Qué queremos decir con esto? Bueno, veamos un ejemplo simple: Job. Todos conocen la historia de Job. Dios le permitió a Satanás que le quitara todo lo que tenía excepto su vida. ¿Qué lección aprenden los «gatos» de esto? Hay veces en que Dios va a probarle. «Espere un segundo», puede pensar dentro de sí, «Pensé que todo era supuestamente, seguro, suave, y cómodo, y que siempre debería estar en la cima».

Al final resultó así en la vida de Job. Job duplicó sus posesiones y tuvo el mismo número de hijos, duplicando de esta manera el número de sus hijos por toda la eternidad. Pero esa es una lección del círculo ganador de los «gatos». ¿Hay algo que aprender para los «perros» fuera del círculo ganador? Sí, los «perros» se preguntan «¿Por qué no nos identificamos con los hijos de Job?» «¿Qué? » probablemente se estará diciendo a sí mismo al leer esto, «¿identificarnos con los hijos de Job? Todos murieron. ¿Está loco?»

Ese es el punto. ¿Por qué siempre nos identificamos con aquellos que al final sobreviven? ¿Por qué siempre nos identificamos con aquel quien es el personaje principal de la historia? Los «perros» piensan, «No tenemos por qué hacerlo. Podemos identificarnos con cualquiera que pueda enseñarnos una lección».

Aquí necesita plantearse una pregunta difícil, ¿Amaba Dios a los hijos de Job tanto como a Job? La respuesta obvia es, sí. ¿Tenía Dios un plan para sus vidas? No es tan obvio, pero es la misma respuesta, sí. ¿Cómo es eso? Para contestar a esto, asumamos que los hijos de Job están en el cielo (tienen un Padre santo) y hablan con Dios. La conversación pudo haber sido así:

Hijos: ¿Señor, le importa si tomamos algunos minutos con usted?

Señor: Claro. ¡Por supuesto!

H: Um, Señor, somos un poco curiosos— ¿Por qué morimos todos juntos al mismo tiempo?

S: Porque, los amo mucho, y permití que todos ustedes vinieran a casa antes.

H: Señor, ¿por qué hizo eso?

S: Quería revelar Mi gloria, enseñándole a su padre una lección.

H: ¡Qué! (dicen con incredulidad). ¿Nos trajo antes a casa para enseñarle una lección a nuestro padre?

S: Sí, así es.

H: «Pero, Dios, mis hermanos y yo teníamos un negocio, que apenas estaba comenzando. Iba muy bien», dice uno. Y el mayor añade, «Si, Señor, y yo iba a heredar los negocios de mi padre». Una hija comenta, «Si, Señor, yo estaba saliendo con esta persona, e íbamos a casarnos y a tener hijos». La hermana menor dice, «Y, Dios, yo esperaba casarme también». Y otro dice, «Esperaba entrar al ministerio. Tenía todos estos planes». Y entonces todos dicen al unísono, «En medio de todo esto usted

¿quería enseñarle una lección a nuestro padre? ¿Y nosotros, qué?» S: Lo siento, están muy confundidos. Como ven, no se trata de ustedes. Todo es sobre Mi plan y el revelar mi gloria de innumerables maneras. Y permití que murieran antes para así poder revelar Mi gloria a través de su padre.

H: Pero, Señor, ¡eso no parece justo!

S: Bien, sólo para hacerles saber, la manera en que funciona mi creación no está basada en la imparcialidad; está basada en revelar Mi gloria. Y en lo que hice a través de su padre, Mi gloria brilló intensamente; pero aquí, tengo algo para cada uno de ustedes».

Entonces, Dios, ¡los recompensa de una manera que nunca lo hubieran imaginado! Se quedan sin habla pero finalmente murmuran algunas palabras.

H: ¿Qué? ¿Todo esto es nuestro?

L: Sí, los amo tanto, y ustedes desempeñaron sus papeles muy bien siendo parte de la revelación de Mi gloria.

H: Pero, Dios, ¡no merecemos todo esto!

S: Lo sé. Pero esto nunca se ha basado en lo que ustedes merecen. Al darles esto continúo irradiando y reflejando Mi gloria y eso es de lo que se trató desde el principio. A algunos bendigo con cosas, a algunos permito que sean perseguidos, y a algunos traigo a casa antes de tiempo—todo es como una hermosa ventana de cristal opaco que revela Mi *gloria.*

Ve usted, los «gatos» sólo se enfocan en las bendiciones de Dios mientras están en la tierra. «¿Dónde están las bendiciones en estos setenta años que he vivido?» preguntan. Los «perros» aceptan que sus vidas pueden estar en la ruina por esos setenta o más años, y que es en la eternidad donde la gloria de Dios es grandemente revelada en sus vidas. El apóstol Pablo escribió,

«Porque esta leve tribulación momentánea produce en nosotros un cada vez más excelente y eterno peso de gloria». (2 Corintios 4:17). Por lo tanto, identificarse con los hijos de Job, es tan viable como identificarse con Job. ¿Hay lecciones del círculo ganador en otros pasajes?

Hablemos sobre el pecado de David al contar a sus hombres de guerra en 1 Crónicas 21. Satanás incitó a David para que contara cuántos hombres tenía. El Señor no estaba complacido del todo con esto. David quiso señalarse a él mismo, a su país, y a su gente; y no le quiso dar la gloria a Dios por todas las victorias. (Aún los grandes hombres como David pueden ser «gatos» algunas veces y hacer enojar a un Dios celoso.)

Entonces ¿qué pasó? El Señor mató setenta mil hombres. Ésta vez fue iniciada directamente por el Él, no por el Señor usando como medio a Satanás. En 1º de Crónicas 21:14 leemos, «Así Jehová envió una peste en Israel, y murieron de Israel setenta mil hombres».

¿Qué aprenden los «gatos»? A no enorgullecerse de sus números. Por lo tanto, las iglesias no deben enorgullecerse de cuántos asisten a sus servicios, de cuántos bautizan, o de cuántos asisten a la escuela dominical. Eso, créalo o no, es una lección del círculo ganador, porque al final David siguió vivo.

¿Qué lección hay que aprender fuera del círculo ganador? Un perro también se identifica con los setenta mil que murieron, con sus viudas e hijos. ¿Qué lección puede aprender un perro de este pasaje? Mi vida puede ser llamada al sacrificio. Ya sea que el Señor lo llame a ir a un grupo que no ha oído el evangelio o que usted esté muriendo por causa del pecado de otro, la idea de ser un sacrificio por causa de la acción de alguien más suena muy teológico para un «perro».

¿Puede imaginar la conversación que los hombres de David pudieron haber tenido con Dios?

Hombres: Señor, ¿Por qué nos trajiste a todos a casa al mismo tiempo? Ni siquiera habíamos peleado en una guerra.

Señor: David pecó.

H: ¿Qué? ¿David pecó, y todos fuimos castigados por su pecado?

S: Yo no veo como un castigo el haberlos traído a mi presencia. Pero si ustedes quieren verlo así —eso es lo que pasó.

H: Oh, Señor, lo sentimos. Eres maravilloso. . . ¿pero, por qué no lo trajiste a él a casa?

S: Porque tenía un gran plan para su vida. H: ¿Y qué sobre nuestras vidas?

S: También tenía un plan para sus vidas. H: Bien, ¿cuál era?

S: Morir cuando David pecó, y servir como un medio para su arrepentimiento.

H: Pero, Señor, eso no parece muy justo.

S: Bien, Mi reino nunca ha funcionado basado en la imparcialidad.

Los «perros» también aprenden de este pasaje, que Dios algunas veces permite que los esposos mueran jóvenes. (Por favor observe que esto no lo hace más fácil emocionalmente, pero comprender los medios que usa Dios, trae paz y sanidad más pronto). Los hijos pueden comprender que sus madres o padres pueden ser llamados por Dios para servir al Rey de esta manera. Una vez más, hacer frente a la muerte de un amado nunca es fácil, pero confiar en los altos propósitos de Dios hace más fácil adorar y agradecerle a Dios después de lo que haya pasado.

Una conversación entre Dios y una viuda de los hombres de David pudo haber sido algo como esto:

Viuda: Señor, ¿Por qué tomaste a mi marido de mi hogar a medio camino de mi vida?

Señor: David pecó.

V: ¿Por qué no tomaste a David de su casa? S: Porque tenía un gran plan para su vida.

V: ¿Pero, qué sobre mi vida?

S: También tenía un plan para tu vida. V: ¿Cómo es eso?

S: Que criaras a tus hijos como viuda, confiando en Mí para ser como un Padre a los que no tienen padre, dejándome a Mí todas tus necesidades, para que vengas a Mí en tus grandes momentos de dolor, y que me permitas que te sane. Y en la manera en que vivas, Mi gloria podría irradiar brillantemente a través de ti.

Con la teología del gato, es muy difícil pensar en la idea de que Dios pudiera llamarnos (o a nuestros seres amados) temprano a casa, como parte del plan para revelar Su gloria. Con la teología del perro no es difícil pensarlo.

¿Quiere aprender de otros pasajes fuera del círculo ganador? Otro ejemplo se encuentra en Números 16. Los israelitas habían salido de Egipto, todavía no estaban en la Tierra Prometida. En este pasaje, algunos líderes estaban desafiando el liderazgo y la guía de Moisés. En respuesta, Moisés básicamente dice: «Si lo que digo es verdad, entonces estos hombres morirán de una muerte inusual, no de una muerte normal. Si lo que digo es falso, entonces morirán de una muerte normal; vivirán sus años» (Números 16:29–30, nuestra traducción). Inmediatamente, la tierra se abrió, y Coré murió. Pero eso no es todo. Observe más de cerca lo que dice.

«Y se apartaron de la tiendas de Coré, de Datán y de Abiram. Y Datán y Abiram salieron y se pusieron a las puertas de sus tiendas, con sus mujeres, sus hijos, y sus pequeñuelos» (Números 16:27). ¿Qué? ¿Sus esposas e hijos murieron también? Eso es lo que dice el versículo. Dios los tomó de su casa también.

Imaginemos a un niño conversando con Dios. Es uno de los hijos de Coré.

Niño: Discúlpeme, Señor, ¿le importaría si le hago algunas preguntas?

Dios: Me encantaría contestar cualquier pregunta.

N: Señor, ¿Por qué morimos todos siendo tan pequeños?

D: Tu padre pecó contra Mí.

N: Nuestro padre pecó, y ¿tuvimos que morir? ¿Por qué nosotros y también nuestra madre? ¿Por qué no sólo tomar a nuestro padre?

D: Puse un alto valor en la unidad de la familia y en el liderazgo del padre en esa unidad; y, quise darle a Israel un escarmiento.

N: ¿Tomaste nuestras vidas como un escarmiento?

D: Así es.

N: Pero eso no parece justo.

¿Suenan duras estas palabras: Dios los mató como una señal de alerta? Lea lo que sigue; no hemos terminado. «Y la tierra abrió su boca y los tragó a ellos y a Coré, cuando aquel grupo murió, cuando consumió el fuego a 250 hombres para servir de escarmiento». (Números 26:10).

Aquí está la lección de un «gato»: Si usted es un elegido de Dios, entonces Él se encargará de aquellos que lo desafíen a usted. Pero esto sólo puede ser la mitad de la lección que Dios tiene para usted. Los «perros» aprenden la lección del «gato» y algo más: Las esposas e hijos pueden pagar un precio por la desobediencia de sus esposos o padres, y Dios tiene un alto valor del liderazgo de un padre y esposo.

Esta es una importante lección adicional, y es una de las que puede ser enseñada de las Escrituras. ¡Cómo podría cambiar ésta lección la forma en que las esposas oran por sus esposos, y los ciudadanos por sus líderes! Esto podría cambiar también la manera en que los hijos ponen atención al carácter de sus padres. Es una lección vista fácilmente por aquellos que han pasado por persecución y tiempos difíciles, pero es una lección que muchos se perderán por causa de la Teología del gato.

¿Qué tal Éxodo, y la historia de las diez plagas? El primogénito de cada casa murió. Éxodo 12:29 cuenta la historia:

«Y aconteció que a media noche JEHOVA hirió a todo primogénito en la tierra de Egipto, desde el primogénito de Faraón que se sentaba sobre su trono hasta el primogénito del cautivo que estaba en la cárcel y todo primogénito de los animales». ¿Quién los mató? JEHOVA tomó a los primogénitos.

La lección del «gato » es: El juicio llega a nuestros torturadores. Y una vez más, eso puede no ser incorrecto, pero está incompleto. La lección adicional de un «perro» es: Nuestros hijos pueden morir debido al pecado de nuestro líder.

Como ve, siempre nos imaginamos identificándonos con los hebreos—los elegidos de Dios—pero nunca con los que son juzgados. Dios trata a toda la gente por igual. Sí, Él rescató a los hebreos del cautiverio egipcio, pero Él también rescató a los filisteos de Caphtor y a los arameos de Kir. Dios ama a todas las naciones por igual. (El libro *Al Fin Revelado* muestra esto claramente en los capítulos cuatro y cinco). Así como los primogénitos murieron en el juicio, también los nuestros podrían morir.

¿Recuerda qué pasó con los pequeñitos cuando Herodes pensó que el Rey de Israel había nacido? Mandó matar a todos los niños en esa región. Dios permitió que el pecado de un hombre hiriera a Su gente. Aunque el amor de Dios es infinito para cada uno de nosotros, hemos tomado el evangelio en cierto modo muy «personal». Se trata de la gloria de Dios; no de nosotros.

Hay más ejemplos. Considere a los israelitas vagando por el desierto. Ellos caminaron por cuarenta años allí, hasta que los que eran adultos cuando salieron de Egipto, murieron porque no habían obedecido al Señor.

La lección de un «gato» es: Dios me bendecirá si obedezco y confío, y Él me regañará si no lo hago. Y, como de costumbre, eso no es incorrecto, pero si incompleto. La lección adicional de un «perro» es: Los pecados de mi padre, tal vez tengan consecuencias en mi vida.

En nuestra cultura no podemos identificarnos con esto; es todo lo contrario para nosotros. Hoy, todos desean seguir adelante y no ser afectados por nada ni nadie. Pero esta no es la realidad. Nos gusta imaginar que podemos citar a Caín y defendernos con esto: («¿Soy yo acaso guarda de mi hermano?»), sin darnos cuenta, que de hecho, ¡lo somos!

Otras Anteojeras Culturales

Pero no es solo Norteamérica que está siendo afectada por las anteojeras culturales. Otros países también tienen las suyas. Veamos algunos otros puntos de vista. Qué si en lugar de ver los últimos cuarenta años de la vida americana, vemos la vida desde la perspectiva de los cristianos en China. ¿Qué experiencias formarían sus interpretaciones de las Escrituras? Quizás persecución, sentencias en la cárcel, el constante temor de ser descubiertos, o el temor de ser golpeados. Cuando ellos abren las Escrituras, tienen una perspectiva totalmente diferente de lo que la Palabra de Dios dice. ¿Por qué? Sus anteojeras, o sus sistemas culturales de filtrado, son muy diferentes de los nuestros.

Ellos se identifican con el encarcelamiento y las golpizas que recibió el apóstol Pablo. Se identifican con quienes cantaron en una celda de la cárcel. Ellos entienden qué es ser sacado en una cesta por la ventana para escapar de las autoridades. Ellos saben lo que es mirar a mujeres y niños inocentes, ser asesinados sin razón alguna. Los mártires son comunes. Ellos se identifican con los hombres de guerra de David. Con las viudas de los hombres de guerra. Con los primogénitos de

Egipto que murieron en la décima plaga. Constantemente ven el Mar Rojo delante de ellos y sin ningún lugar hacia dónde correr. Para ellos ésta es la norma.

Ahora, no solamente veamos el cristianismo en los últimos cuarenta años, veamos el cristianismo en cualquier período de tiempo y veamos qué pudo haber formado las «anteojeras culturales» de los cristianos. Vayamos a los primeros trescientos años, después de que Cristo caminó en la tierra. Si miráramos a los nacidos en el año 79d.C, 120d.C, 160d.C, o 233d.C, ¿Cuáles serían sus experiencias?

Todo lo que tenemos que hacer es ver en el libro de *Los Mártires de Fox* para encontrar algunos acontecimientos muy interesantes y desconcertantes, nada de lo que esperamos de Dios.

Bajo el reinado del Emperador Nerón, los cristianos eran metidos dentro de pieles de animales salvajes que cosían y echaban a los perros feroces para que los mordieran hasta morir. Otros fueron puestos en túnicas con cera y amarrados a postes en los jardines de Nerón donde eran prendidos con fuego para alumbrar sus fiestas.[8]

Bajo Marcos, las crueldades de la persecución fueron tan inhumanas que muchos de los que los vieron sufrir, se estremecieron de horror, y se asombraban de su valor. Los pies de algunos mártires fueron aplastados en prensas y después forzados a caminar sobre espinas, clavos, piedras filosas, y otros objetos corto punzantes.[9] Bajo Lucio, a una mujer llamada Ryas se le vertió brea hirviendo sobre su cabeza y luego se le prendió fuego, así mismo a su madre Marcela, y a su hermana.[10]

Un cristiano llamado Julián fue arrestado simplemente por ser cristiano. Fue puesto en un saco de cuero con varias serpientes y escorpiones y luego echado al mar.11 Un evangelista llamado Luciano fue atado de brazos y piernas, y luego le fueron estirados con poleas hasta que sus coyunturas se dislocaron. Después fue azotado con un alambre, echaron aceite y brea hirviendo sobre su cuerpo desnudo y se le prendió fuego a los lados del cuerpo y en las axilas. Después de estas torturas, fue puesto de nuevo en prisión donde pronto murió.[12]

Esto es lo que han pasado algunos de nuestros hermanos y hermanas en Cristo. La persecución ha sido desenfrenada. Comenzó cuando el apóstol Pablo, entonces conocido como Saulo, aprobó la muerte de Esteban. ¿Cómo vieron la vida cristiana los primeros cristianos? ¿Cuál era su perspectiva de vida? Pudieron haberse identificado inmediatamente con aquellos que en las Escrituras fueron derrotados, sufrieron persecución y fueron golpeados, esperando el día futuro en que serían vencedores.

Usted y yo vamos a conocer esa gente cuando vayamos al cielo, pero me pregunto si podremos identificarnos del todo con ellos. Si usted es un cristiano «gato», no podrá hacerlo, ni entenderá por qué Dios permitió que sucediera. Si usted es un cristiano «perro», verá que Dios lo permitió para que Su gloria brillara a través de ellos, y usted podrá comparar cómo está brillando la gloria de Dios también a través de usted.

¡Aquellos que son «perros» de cualquier generación pueden identificarse unos a otros porque saben que la gloria de Dios es el hilo común que, no sólo corre a través de la Palabra de Dios, sino también a través del tiempo!

Queremos vivir victoriosamente hoy y por siempre. Somos muy egoístas al pensar de esa manera. Por esta razón es difícil encontrar mártires en nuestra cultura. No estamos dispuestos a pagar el precio; pensamos que lo estamos, pero de hecho, la mayoría de nosotros no lo está. Hemos sido adoctrinados con la idea de que la inconveniencia es igual a la ausencia de bendición y a la ausencia de la voluntad de Dios en nuestras vidas. Por lo tanto, no podemos darle la bienvenida al martirio. La teología del gato en esta área es muy incorrecta.

Pero no siempre hemos sido así. Algunos norteamericanos concluyeron que el propósito principal de la vida, es reflejar la gloria de Dios. Vivir para irradiar la gloria de Dios y darlo a conocer. Ese es el por qué, la primera ola de misioneros enviados a finales de 1700 y principios de 1800 llevaron todas sus pertenencias en un ataúd. Sabían que tan pronto como arribaran a tierra extranjera, tendrían dos años de vida máximo.

Dos años era la esperanza de vida típica, porque no tenían las ventajas de la medicina moderna en esos días. Sabían que probablemente morirían de alguna enfermedad, por ello llevaban todas sus pertenencias, no en una maleta, sino en ese ataúd. Sabían que la vida era para la gloria de Dios; no era para ellos. Sabían que podía ser difícil, que podía haber persecución, que podía haber juicios, que no sería fácil, y que tendrían una muerte temprana.

Imagine los hogares de los cristianos durante los períodos difíciles de la historia. Si usted fuera y revisara los versículos de la Biblia en las paredes de esos hogares cristianos, encontraría una gran diferencia, estamos seguros. ¿Qué versículos de la Biblia estarían en las paredes de aquellos que, en los primeros trescientos años de cristiandad, fueron quemados, puestos en pieles y torturados por animales salvajes, convertidos en antorchas por Nerón, o aplastados y con los huesos dislocados? Quizá serían versículos como los siguientes:

> *Y seréis aborrecidos de todos por causa de mi nombre; mas el que persevere hasta el fin, éste será salvo.* (Mt 10:22)

> *Y también todos los que quieren vivir piadosamente en Cristo Jesús padecerán persecución.* (2 Ti 3:12)

> *En lo cual vosotros os alegráis, aunque ahora por un poco de tiempo, si es necesario, tengáis que ser afligidos en diversas pruebas. Para que sometida a prueba vuestra fe—mucho*

más preciosa que el oro, el cual aunque perecedero se prueba con fuego —sea hallada en alabanza, gloria y honra cuando sea manifestado Jesucristo. (1 Pe 1:6–7)

Se encontrarían en sus paredes, versículos detallando los temas de la persecución, resistencia, y esperanza a pesar de juicios y sufrimientos hasta la muerte. ¡Probablemente esperaban que el cristianismo fuera así todo el tiempo! Probablemente, nunca se habrían podido imaginar un país donde es seguro y cómodo seguir a Cristo.

Observe el rígido contraste entre estos versículos y aquellos con los cuales estamos familiarizados en los hogares. Los nuestros tratan de bendiciones, favores, y victoria en el tiempo actual. Los de ellos tratan de supervivencia y esperanza en el futuro, a pesar de la angustia presente. Los «gatos» desean una vida de seguridad, facilidad, y victoria. ¿Por qué? Están tan acostumbrados a estar en el círculo de los ganadores que siempre esperan que la vida sea color de rosa. Cuando no lo es, no entienden lo que Dios está haciendo. Otras naciones y cristianos de otros períodos del tiempo leyeron las Escrituras con diferentes tipos de anteojeras.

¿Es correcto o incorrecto? No. Pero debemos tener cuidado de no decir que nuestra culturalmente-ciega teología del gato es el único evangelio para todas las generaciones y toda la gente.

Debemos estar constantemente dispuestos a aprender de otros y a ver las cosas diferentes. Hay épocas cuando Dios trae paz a la tierra, y hay épocas en que Dios permite que nuestros enemigos nos juzguen. Hay épocas en que los individuos gozan de gran honor, y hay épocas en que algunos son esclavos. Solo porque gozamos de un aspecto de la bendición de Dios, no debemos pensar que cada uno, en cualquier lugar, a toda hora, recibe la misma forma de bendición. Recuerde, bendecidos son aquellos que son perseguidos.

Nuestras propias anteojeras culturales nos llevan a pensar, «¡Así es como la vida cristiana debería ser todo el tiempo!» Es incorrecto. Dios tiene diferentes maneras de revelar y reflejar Su gloria. Esté abierto a todas las maneras que Él elige para hacer esto.

9

PRIORIDADES DE «GATOS» Y «PERROS»

El tiempo estaba corriendo, y yo (Gerald) iba tarde a la clase de teología. Estaba jadeando y sin aliento cuando me deslicé en mi silla y miré al pizarrón para ver de qué me había perdido. Allí en el pizarrón estaba escrita la frase: Dios no está EN NINGUNA PARTE. Empecé a pensar que era una de esas declaraciones teológicas liberales: Dios no está en ninguna parte. Pero al escuchar la discusión en la clase, sorpresivamente descubrí que mi actitud me había hecho que interpretara el mensaje incorrectamente. No decía Dios no está en ninguna parte, sino, Dios está aquí, ahora.

La actitud y predisposición pueden causar que al ver los acontecimientos diarios, lleguemos a una conclusión específica, algunas veces, equivocada. La teología del gato proporciona un fundamento para el pensamiento, que conduce inevitablemente a fijar prioridades incorrectas.

Un día en una típica clase de escuela dominical como todas las demás, el líder laico empezó la clase preguntando: «¿Hay peticiones de oración?» luego se hizo un incómodo silencio. Finalmente alguien rompió el hielo.

«Sí, podríamos orar por mi tía, ¿por favor? Se cayó y se quebró la cadera la semana pasada».

«Muy bien, ¿quién quiere orar por la tía Alicia? ¿Alguien? (Una larga pausa.) Bien, gracias. ¿Otras peticiones?»

«Sí, Juan sigue luchando contra la leucemia. No nos olvidemos de él».

«Sí, gracias. ¿Quién quiere orar por Juan? Gracias».

«Um, oí el reporte del hospital, y Debby todavía tiene cáncer. Hasta ahora han intentado todo. Sólo estamos esperando un milagro».

«¿Quién quiere orar por Debby? Gracias. Y asegúrense de seguir llevándole la cena a su casa, Cheryl vea si usted quiere ayudar con esto. ¿Alguien más?»

«Sí. El hijo mayor de Mike estaba manejando junto con un grupo de amigos después del juego de fútbol, y bueno, ya sabe cómo son los muchachos. Se pusieron un poco locos y terminaron sufriendo un accidente. Su hijo está en el hospital. Fue golpeado gravemente, pero va a estar bien. Deberíamos seguir orando por él».

Una por una, las peticiones fueron dadas. Esto probó sin sombra de duda que los «gatos» y «perros» tienen prioridades muy diferentes. Vea usted; si en su corazón usted es un típico «gato» cristiano, su primer pensamiento será sobre usted mismo, sus deseos, sus necesidades, y sus preocupaciones. Y uno de los primeros lugares donde aparecerá, es en su vida de oración.

Los Gatos Desarrollan Prioridades Incorrectas

Veamos cuales son normalmente las prioridades de un «gato».

Primera prioridad

La primera prioridad de un «gato» al orar en voz alta, en las iglesias y escuelas dominicales de todo el mundo, y que además es compartida por todos los «gatos», es: los «gatos» desean estar vivos y tener buena salud para sí mismos y para aquellos a los que están unidos emocionalmente. En serio. Compruébelo usted mismo. Escuche las peticiones de oración que se dan desde el púlpito y en la escuela dominical. ¿Qué escucha? Usualmente son oraciones por sanidad de la gente en la iglesia. (¿Recuerda las peticiones por las que oró una iglesia después del terremoto en Turquía?)

Esto es tan cierto desde el púlpito como lo es en las oraciones de los laicos. Casi en cada iglesia que visitamos, las oraciones fueron hechas por la sanidad de la gente de esa la iglesia.

¿Qué están comunicando en forma no verbal? Que la más alta prioridad es que la gente en su iglesia siga viva y tenga salud.

Nathan Lutz es un hombre altamente respetado que vive en Arizona. Fue mi pastor por muchos años cuando Debby y yo vivíamos allí. Recuerdo una conversación con él, donde hablaba de su lucha contra la pasión que tienen los «gatos» cristianos por vivir. Él describió una reunión de oración a la que había asistido. Era para orar por las misiones. Las oraciones eran lentas y laboriosas. Había que «halarles» los dientes para hacer que algunos de ellos oraran por las cosas más simples. Entonces sucedió algo. El enfoque cambió.

Alguien rompió las reglas y oró por otra cosa —por alguien de la iglesia que estaba en el hospital y cerca de la muerte. En ese momento la reunión volvió a la vida. Aquellos que eran lentos para orar por el avance del reino de Dios en todo el mundo, no tuvieron problema en ir delante del trono del Todopoderoso para rogar por la sanidad de sus amigos de la iglesia. Mientras que, algunos minutos antes parecía que la reunión de oración estaba casi muerta, la vida ahora se desbordaba. Las oraciones eran ruidosas, bulliciosas, y llenas de convicción.

¿Qué pasó? La prioridad en las misiones (una baja prioridad en la vida de los «gatos») fue remplazada por la más alta prioridad de estos: la vida y salud de los de la iglesia. Ahora, tenían realmente algo por qué orar.

Y lo más triste de la prioridad número uno de los «gatos» es que las oraciones por la vida y la salud raramente mencionan la gloria de Dios. No están orando: «Oh Padre, para la gloria de Su nombre y para Su honra, sane a esta persona. Oh Padre, glorifique Su nombre quitando el cáncer». No, todo está enfocado en la persona sanada. En su teología, demandan la sanidad de Dios porque piensan que todo es sobre ellos.

He oído de mucha gente que ha perdido sus vidas por enfermedad porque no fueron a ver a un doctor. ¿Cuál fue su razonamiento? Dios iba a sanarlos por fe, y no necesitaba un doctor, o ayuda de fuera. Fueron delante de Dios, esperando en completa fe que Dios los sanara. Reclamando Escritura tras Escritura, presumieron conocer la voluntad de Dios.

¿Qué sucedió realmente? Simplemente estaban viviendo una teología que dice que la vida de las personas es la más alta prioridad de Dios. La vida es sobre *ellos*. Dios los sanaría porque todo es sobre ellos. Esperan que Dios les dé setenta años o más. Y si no pasa de ese modo, entonces tiene que haber algo malo con la fe de las personas que murieron. Han escuchado selectivamente y aplicado selectivamente las Escrituras por tantos años, que la gloria de Dios es una prioridad ausente.

Sugiera usted la idea de que Dios va a recibir más gloria llevándoselos antes a su hogar, para ver las reacciones. Tienden a pensar que Dios nunca haría eso.

Si hay sanidad, entonces alaban a Dios y lo glorifican. ¿Por qué? Porque Dios hizo lo que se suponía que tenía que hacer: sanó a la persona. «Él es fiel», lo gritan. Pero sin darse cuenta, lo que están diciendo es que Dios es fiel a ellos. Él hizo lo que se esperaba que hiciera —como suponiendo que Dios tiene que inclinarse ante nosotros. Dios no está en la obligación de ser fiel a nuestras expectativas; Dios solamente requiere ser fiel a Él mismo; y los «gatos» tienen problemas con entender eso.

Rara vez la gloria de Dios es el punto focal de cada área en la vida de los «gatos». Si alguien muere antes (y no culpan a la persona por su falta de fe), solo sacuden su cabeza y dicen, «Bueno, creo que la gloria de Dios está allí en algún lugar. No podemos imaginarlo, pero todas las cosas son para bien para aquellos que aman al Señor». Uno de los sermones más centrados que he escuchado sobre el tema de la fe sanadora y la soberanía de Dios fue el de Paul Goodman (quien pastoreaba una iglesia en Mechanicsville, Virginia, Estados Unidos). Paul estaba predicando en una ocasión muy solemne. Steve Watkins, un querido amigo de Paul y diácono principal en su iglesia, había sido diagnosticado con cáncer. Raras veces la reunión de una iglesia apoya tanto a sus amados creyentes como lo hizo esta iglesia. A través de la unción con aceite y de las oraciones de los miembros de la iglesia, Steve y su familia fueron llevados continuamente delante del Señor.

Con todo, Dios vio que llevarse a Steve antes, a la edad de cuarenta y un años (dejando a una esposa y tres hijos) iba a darle más gloria, que sanarlo. Puesto que Steve vio la gloria de Dios como una mayor prioridad que su propia vida, estuvo dispuesto a aceptar esto con gracia. En el funeral, Paul predicó acerca de la lucha de Steve por seguir viviendo por su bien y el de su familia y su deseo de glorificar a Dios cualquiera fuera Su voluntad.

Los cristianos «perros» saben que esto es lo más centrado. Tenemos el derecho de pedir a Dios por sanidad y por la vida, pero también debemos rendir ese derecho, si nuestro Padre celestial recibe mayor gloria llevándonos a casa temprano. Lo que importa es la gloria de Dios, no nuestra sanidad.

Muchas veces el proceso (confiar en Dios para ser glorificado en tan dura prueba) es tan glorioso como el resultado (la muerte o la sanidad). Pero para un «gato», la gloria de Dios no es una de sus más altas prioridades. Así que nunca se dan por vencidos en su derecho a vivir hasta que no queda otra opción. Nunca luchan con las palabras del apóstol Pablo «Para mí el vivir es Cristo y el morir es ganancia» (Filipenses 1:21). De hecho, los «gatos» no creen en ese versículo del todo.

Segunda Prioridad

Entonces, si esperar estar vivo y saludable es la primera prioridad de un «gato», ¿cuál es su segunda prioridad? Estamos convencidos que la prioridad número dos de ellos es, su deseo de estar a salvo y seguros.

¿Cómo funciona esto en su vida diaria?

Esta seguridad descansa en el área de contar con buenas finanzas (un ingreso mensual constante, un buen paquete de jubilación), seguro contra desastres, y una linda casa. Si los «gatos» tienen todo esto, entonces empezarán a pensar qué pueden hacer para servir al Señor. Pero observe que esto pasa *después* de obtener todas estas cosas.

¿Cómo sabemos esto? Es fácil descubrirlo. Desafíe a alguien a ir a otro país para servir al Señor. ¿Cómo responde?: ¿»Las agencias misioneras tienen programas de pensiones y jubilación?

¿Es un lugar seguro? ¡Nunca podría conseguir apoyo! ¡Nunca podría dejar mi trabajo!» Su prioridad número dos ha sido desafiada, y luchan para conservarla.

También mire a vuelo de pájaro, qué ha pasado por años en muchas grandes ciudades. Iglesias que eran los pilares de los centros de la ciudad han movido sus edificios principales a los suburbios (alejados de los lugares peligrosos) ¿Cuál es la razón? Ya no es seguro el centro de la ciudad. Por lo tanto, necesitan reubicarse. ¿Qué comunicación no verbal transmiten? ¡La seguridad es una de sus más altas prioridades!

Tercera Prioridad

Sí, los «gatos» tienen vida y salud acompañadas de seguridad, desean más que cualquier otra cosa, ser bendecidos. La meta es un suave, seguro y cómodo estilo de vida que honre a Dios. (Sin embargo, el énfasis está en la suavidad, en la seguridad, y en la comodidad más que en honrar a Dios, pero todo se encuentra en la misma oración —ése es el porqué es tan difícil identificar la diferencia entre un «perro» y un «gato»).

Ahora bien, muchas de estas peticiones no son aquellas por las que se ora en la escuela dominical. Raras veces alguien va a subir y decir: «Por favor ayúdenme a pedirle a Dios, que me dé los dos boletos gratis para el torneo final de la súper copa, que la compañía de papas fritas está sorteando. Dios sabe que soy un aficionado, entonces por favor, ¿podrían pedirle a Dios que esos dos boletos sean para mí de entre toda la gente que hay en este país?» O, qué les parece, «¿podrían unirse conmigo para confiar en que Dios me dará más dinero? Realmente deseamos comprar esa segunda casa en el lago. Estamos tan cerca, pero necesitamos un poco más de dinero. Por favor acompáñenme en esa oración».

No, esos no son los tipos de peticiones por los que oramos en voz alta, pero los patrones y estilo de vida de los «gatos» muestran que así es realmente como estructuran sus prioridades. Están allí para ellos mismos. Todo lo que usted necesita hacer es ir a una iglesia de clase media o media alta, y caminar por el estacionamiento para ver qué tipo de autos manejan. La mayoría se dirige hacia lo que realmente desea —comodidad y facilidad. No hay nada malo en desear un estilo de vida confortable y en disfrutar del fruto del trabajo, a menos que eso se convierta en una prioridad más alta que la gloria de Dios.

Para confirmar un poco más la tercera prioridad de los «gatos», revisemos su calendario social. ¿Qué hacen con su tiempo libre? Lo invierten en ellos mismos, en su juego favorito, o yendo de compras. ¿O los ve ir primero a la casa de un amigo extranjero para invitarlo a jugar o llevarlo de compras y obsequiarle algo? ¿Asisten a las reuniones de oración o ayudan con los más jóvenes? o la mayoría de su tiempo libre lo pasan exclusivamente en las cosas que quieren hacer.

No olvidemos mirar los metros cuadrados de nuestras casas. Este puede ser otro indicador de cuáles son nuestras prioridades. Tamaño y espacio, es algo que esperamos, pues todos los hijos están «necesitando» sus propias habitaciones...

Una vez más, no hay nada malo con tener grandes casas, pero... rara vez nos aferramos poco a ellas, y nunca estamos listos y dispuestos a renunciar a nuestras posesiones para servir a nuestro Padre Celestial si nos envía a todo el mundo.

No. Los «gatos» están primordialmente en este mundo cristiano para ellos mismos. Dios se ha convertido en un gran medio (espiritual) hacia la meta de la vida egoísta de un «gato». No es extraño entender por qué Cristo habló de cuidarse de los lobos con piel de oveja.

Cuarta prioridad

Así que, ¿cuál es la cuarta prioridad de los «gatos»? Creer que la iglesia local está ahí solamente para suplir sus necesidades. En pocas palabras, ¡la iglesia existe para ellos! Los «gatos» quieren sentir que sus necesidades de *CONFORT* sean satisfechas por la iglesia local. No están interesados en sus necesidades reales o en las necesidades del mundo perdido.

¿Ha visto lo que sucede siempre que un pastor ve el pecado en la vida de uno de los miembros de la iglesia e intenta tratarlo bíblicamente confrontando a la persona? ¿Qué hacen los «gatos»? Usualmente se van de la iglesia y «de compras», buscando la próxima iglesia que los satisfaga y donde puedan sentirse cómodos; una iglesia a donde puedan ir y seguir gozando de su pecado. ¿Por qué? Porque en la teología del gato, la iglesia está allí para acariciarlos, agradarlos, y hacerlos sentir cómodos —no para «criticarlos».

En la teología del gato, el diezmo se considera como un pago por los servicios dados. Si les gustan los servicios (por ejemplo, lo que la iglesia está haciendo por ellos y por su familia), entonces asisten y dan un porcentaje a la iglesia (no al Señor). Solamente ofrendan a fondos especiales si salen beneficiados con ese proyecto. Si tienen hijos, ayudarán a pagar los juegos de diversión. Si no tienen hijos, no lo harán. Es una relación de favor-con favor-se paga —pagan por lo que obtienen.

Los «gatos» nunca considerarían dar algo fuera de sus necesidades locales porque no los beneficiaría. Cuando las necesidades reales del mundo se exponen, los «gatos» desean reservada y cortésmente tomar una siesta. Y cuando el plato de las ofrendas pasa alrededor para ofrendar para las misiones, romperán sus propias reglas de dar solamente para las necesidades locales, con tal de aliviar su propia culpa. Cuando la iglesia los quiere equipar para ministrar a otros, corren y se quejan. ¿Por qué? Porque los hace sentirse muy incómodos, y a los «gatos» no les gusta salir fuera de sus zonas de comodidad.

Quinta prioridad

Dependiendo de qué denominación viene, la quinta prioridad de un «gato» podría ser la estadística de su iglesia local; para ponerlo de otra manera, la salud de su iglesia local. Estas iglesias del gato constantemente están haciendo preguntas como: ¿Cuántas personas asistieron a la escuela dominical el domingo pasado? ¿Cuántas conversiones hubo el año pasado? ¿Cuantos bautismos llevó a cabo el mes pasado?

Para ver si esto es verdad en su propia iglesia, vea el boletín semanal o revise el reporte anual y considere cuál es la prioridad. ¿Es todo sobre la gloria de Dios, o es todo sobre números? Usualmente puede obtener una más clara idea de lo que realmente dirige a la iglesia. Entonces, ¿hay algo malo en enfocarse en bautismos y en números? No, no del todo. Pero como ya está bien enterado, esto puede convertirse en dios o ser un dios.

En un lugar de la grandiosa ciudad de Atlanta, hay un complejo de apartamentos donde se hablan setenta y cinco lenguas. ¡Qué oportunidad de ministerio para ver la gloria de nuestro Padre irradiar! Pero un pastor de misiones en Atlanta confesó que no se le había permitido hablar acerca de esta oportunidad de ministerio. ¿Por qué? Porque si el ministerio tiene que trabajar un domingo en la mañana, los números de aquellos que asisten a su iglesia se irían abajo. Esto significaría que la posición de su iglesia en la denominación bajaría de rango...

Esta fue la mejor muestra de teología pura del gato, Estaban más preocupados por su posición en la denominación que por revelar la gloria de Dios a los perdidos. Sólo podían ministrar a aquellos que están sin Cristo, mientras no interfiriera con su lugar o posicionamiento.

Bajas prioridades

En alguna parte, casi al final, en la lista de prioridades de un «gato» está la gloria de Dios —allí donde solamente ellos lo saben. Pero es sólo una idea de último momento. Después de una sanidad o alguna otra bendición, glorifican a Dios (porque Él vive para ellos). Después de todo, ¿quién no alabaría a un Dios cuyo único enfoque es la salud y bendiciones y que hizo el mundo para que gire alrededor de ellos?

Pero si las bendiciones no llegan o si no hay sanidad, entonces gritan, «Dios, ¿ dónde estabas?» Lo que básicamente están diciendo es: «Dios, ¿dónde estabas cuando *estábamos* en necesidad?» Raras veces los «gatos» oran o hablan de la gloria de Dios antes de que sus oraciones sean contestadas. Y si Dios no obra de la manera que ellos esperan, si sus oraciones no son contestadas de la forma que quieren, la mayoría sacuden sus cabezas y dicen: «No lo entiendo. Sé que Él es fiel, pero no lo entiendo».

¿Por qué la lucha? Esperan que la fidelidad de Dios se enfoque en ellos, en su salud, en sus vidas —se supone que Dios debe hacerlos FAMOSOS. No tienen el concepto de que Dios es fiel a Su gloria. Sólo después de rascarse por un rato la cabeza empezarán a pensar en Su gloria y lenta e incrédulamente se dirán: «Bueno, ¿cómo puede Dios recibir la gloria de esto?» Incluso después de hacerse la pregunta, no tendrán una buena respuesta. Será algo seguro y escritural como: «Bueno, todas las cosas son para bien de los que aman al Señor», o «Dios recibirá la gloria a través de todo esto de alguna manera», o «solo sabremos por qué, cuando estemos en el cielo».

Muy aparte, en la lista de prioridades de un «gato», después de la gloria de Dios está el deseo por ir a las misiones. ¿Por qué? Porque requiere involucramiento personal, y eso significa demasiado sacrificio. Usualmente también hay mucho de culpabilidad asociada a ello. Por lo tanto, cuando los «gatos» son confrontados para trabajar en las misiones, dirán cosas como: ¿Qué acerca de todas las necesidades de la gente aquí?» o «No desperdicies todos los talentos que Dios te dio yendo al otro lado del mar,» o, la mejor, «¿Por qué arruinar su cultura cambiándoles su religión?»

Prioridades de los «Perros»

Los «perros», por otro lado, tienen un sistema muy diferente de prioridades. La primera y principal prioridad, es que Dios sea glorificado. Ellos no solamente tienen esto como su primera prioridad; también es su pasión.

Los «perros» empiezan sus oraciones con palabras que básicamente comunican: «Señor, para la gloria de Tu gran Nombre...» Constantemente están pidiendo que la gloria de Dios brille en todos los acontecimientos. Estos también hacen preguntas antes de cualquier acontecimiento, como: ¿Qué obtendrá Dios de esto?» o «¿Dónde está la gloria de Dios en todo esto?» o «¿cómo hará esto FAMOSO a Dios?»

Cuando los «perros» enfrentan una situación que amenaza su vida, oran con confianza y valentía, «Señor, si vas a recibir mayor gloria llevándome antes a casa, hazlo». La muerte no me asusta. «Señor, si recibes mayor honor y gloria al tomar la vida de mi esposo(a) y que yo solo(a) críe a mi familia—está bien. Enséñame cómo vivir así».

Este tipo de oraciones no se hacen con mucho gozo. Pero salen del corazón con una profunda convicción que es sobre la gloria de Dios, no sobre su propia comodidad, suavidad y seguridad. Los «perros» algunas veces se dan cuenta, que tal como nuestro Señor lo hizo, deben sacrificar su propio gozo y placer por el avance del reino de Dios. El corazón de esto, es que los «perros» tienen pasión por la gloria de Dios.

Los «perros» no son masoquistas. También les gustan las bendiciones por las que oró Jabes, y no les da pena pedirlas, pero el corazón se centra en la gloria de Dios. Antes de orar por una casa grande, los «perros» son cuidadosos en pensar cómo se puede usar para la gloria de Dios. Así que, primero van delante del trono de Dios, pidiendo por una casa grande «para la gloria de Su nombre».

Cuando piensan en comprar una tienda de campaña, acampar, o compartir tiempo, son motivados por la idea de que esos días de la semana que pasen juntos como familia tendrá como resultado una mayor unidad familiar, dándoles a sus hijos un gran sentido de seguridad en Dios y en la familia. Así que, estiran su presupuesto, creyendo que Dios se va a agradar por la motivación de esa compra.

Cuando piensan en hacer una adición al edificio de la iglesia, los «perros» piensan en segundo lugar en lo que significa para ellos y para sus fieles. Principalmente piensan en la gente nueva que será atraída y llevada al reino y en el dinero nuevo que será levantado para las misiones y el avance del reino de Dios.

Pero recuerde que los «perros» se darán por vencidos en esas cosas rápidamente si ven que el reino de Dios puede avanzar de alguna otra manera. Si sienten el llamado para ir al extranjero, rápidamente renunciarán a una casa grande. Si ven que está dañando el honor de Dios, se desharán del bote, la tienda de campaña, el automóvil, de cualquier cosa y de todo. Los «perros» no permiten que alguna cosa le reste valor a la gloria de Dios, brillando en y a través de ellos.

Y a la luz de las misiones, contrario a los «gatos», los «perros» se dan cuenta de que la gloria de Dios brillará en grande cuando la gente de cada lengua, tribu y nación esté adorando a Dios. (Para ampliar este tema, lea *Al Fin Revelado* por Bob

Sjogren y Dejen que las Naciones se Gocen por John Piper).[13] Como resultado, la más alta prioridad de un «perro» es ver la gloria de Dios expandirse hacia la gente de toda la tierra.

Los «perros» están siempre abiertos a la posibilidad de servir a Dios en el extranjero de manera personal, o apoyar a alguien que lo haga. Pero si son llamados a quedarse en casa, entonces el dar una visión a los niños de la iglesia para ir a servir a todas las naciones, es su más alta prioridad. Pedir a Dios por obreros para que vayan al campo a cosechar la mies, es una constante oración. Dar sacrificialmente por el bien de otras naciones, sucede regularmente en sus vidas. Siempre están dispuestos a financiar viajes misioneros a corto plazo. El servicio a Dios a largo plazo en el extranjero, siempre es una posibilidad. ¡Los «perros» están ansiosos de estar en el cielo alrededor del trono de Dios, con gente de todas las naciones!

Como vemos las prioridades de «perros» y gatos son muy diferentes. Las prioridades se muestran en sus estilos de vida, sus motivaciones, y en sus pensamientos. Como resultado de eso, los «perros» y «gatos» también hacen oraciones muy diferentes...

10

ORACIONES DE «GATOS» Y «PERROS»

Las Oraciones egocéntricas de los «Gatos»

China actualmente ¡es un país asombroso por lo que Dios está haciendo! ¡Siete mil personas están entrando al reino de Dios cada día! El evangelio está explotando allá, y sobre todo, ¡la iglesia está siendo discipulada!

Los grupos se están desarrollando discretamente en algunos hogares chinos y se han venido discipulando líderes en el fundamento de la Palabra de Dios. Estos líderes tienen entre dieciséis y treinta años de edad. De éstos, los mejores evangelistas son las mujeres solteras, que caminan por días enteros para llegar a las reuniones y después propagar el mensaje en las ciudades, huyendo antes de que la policía secreta descubra lo que están haciendo.

Pero en esta explosión, ha habido un precio. Hombres y mujeres han sido golpeados tan severamente que sus huesos se han quebrado. Los pastores han sido enviados a prisión por muchos años. Algunos han desaparecido y se asume que están muertos. Otros han sido asesinados abiertamente. No ha sido fácil. La gloria de Dios se ha revelado a ese precio.

En una conferencia internacional sobre los derechos humanos, un líder chino de *iglesia en casas* hizo una entusiasta súplica a los cristianos de todo el mundo para orar por la iglesia en China. A la vez, él fue el primer líder de *iglesia en casas* en visitar las iglesias de occidente. Durante su apasionado discurso, relató que había pasado doce años en prisión y que Dios había sanado milagrosamente sus piernas, que le habían sido quebradas en tortura. ¿Que el mundo occidental ore? ¿Él pidió a Dios que atara al gobierno comunista de modo que hubiera libertad de religión? ¿Nos pidió que oráramos para que cesaran las torturas?

¿Pidió la caída del gobierno? ¡No! Contrario a lo que tienden a pensar los «gatos», él dijo, «no pidan que termine la persecución. Oren para que la iglesia se sostenga fuerte frente a la persecución».

¿Por qué diría eso? Él sabe que la persecución puede ayudar a la iglesia a reflejar la gloria de Dios en gran manera. Esta es su meta: ser más como Cristo, no es el tener un seguro, suave, y cómodo estilo de vida.

Los «gatos» también quieren ser como Cristo, pero prefieren hacerlo de una manera segura, suave, y cómoda. Y debido a esto, los gatos tienden a hacer oraciones egoístas. En Santiago 4:2–3, la Escritura dice, «No consiguen lo que quieren porque no se lo piden a Dios. Y si se lo piden, no lo reciben porque piden mal, pues lo quieren para gastarlo en sus placeres».

Esto resume la vida de oración de un gato. Los «gatos» se enfocan en lo que pueden obtener, usando la oración para avanzar en su agenda/reino (un estilo de vida seguro, suave, y cómodo) y no en avanzar en Su agenda/reino (revelando Su gloria en todas las áreas de la vida de toda la gente del mundo). ¿Por qué es esto? Saben que Dios quiere bendecirlos; su error viene de un malentendido de lo que es la bendición. Asumen incorrectamente que las bendiciones caen dentro de las siguientes categorías: obtener muchas cosas, eliminar los problemas de sus vidas, y tener un ¡seguro, suave y cómodo estilo de vida! (Recuerde, los gatos aún quieren ver a Dios glorificado, pero no es su más alta prioridad).

Si graficáramos la vida de oración de un «gato», se vería como en la gráfica 1.

A la izquierda está la comodidad. Cuanto más asciende la línea, más comodidad hay. A la derecha está la gloria de Dios. Cuanta más gloria recibe Dios, más se mueve la línea a la derecha. La línea perpendicular dibujada entre las otras dos muestra una relación con cantidades iguales de la gloria de Dios y nuestra Comodidad. Cuando obtenemos comodidad, damos igual cantidad de gloria a Dios. Llamaremos a esto «la línea de oración».

Gráfica 1

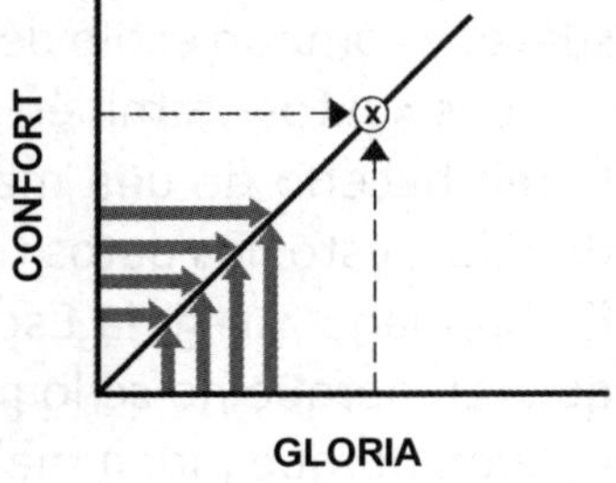

Los «gatos» asumen que ésta es la única manera en que Dios quiere contestar sus oraciones. Así que su línea de oración es lineal. Y cada oración para la gloria de Dios, es una oración que también es para su mayor comodidad y facilidad de vida. Pero, ¿podría la línea de oración siempre ir hacia abajo como en la gráfica 2? «No», los «gatos» se dirían a sí mismos: «Nunca podría pasar de esa manera , porque obtendría menos comodidad, y Dios nunca desearía eso». Y citarían la Escritura como respaldo: «Jesús murió para darnos vida en abundancia (Juan 10:10). Por Sus llagas fuimos curados (Isaías 53:5). Él murió para hacernos libres (Juan 8:32). Jeremías nos dice que Dios tiene un plan para prosperarnos, no para dañarnos (Jeremías 29:11). Y Salmos 91 dice que Él nos cubrirá con sus alas y nos protegerá». «Estos versículos se aplican a gente de todos los tiempos», dicen. Entonces, no; la línea de oración nunca podría ir hacia abajo.

Gráfica 2

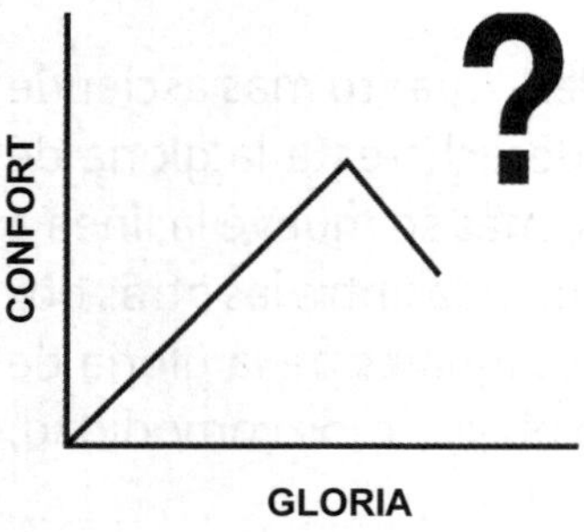

«Pero, espere un minuto», dicen los «perros». «Dios permitió a Su Hijo, Jesús, sufrir privaciones». «Ese es el punto», gritan los «gatos». «Él lo permitió en Su Hijo, para que no nos pasara a nosotros». Tenemos el derecho de contar con las bendiciones de Dios en nuestras vidas. Tenemos el derecho de esperar que la línea de oración vaya hacia arriba y nunca hacia abajo.

Los «perros» saben que aunque un seguro, suave y cómodo estilo de vida *puede* señalar la gloria de Dios, es la gloria la que tiene mayor prioridad, no la vida segura, suave, y cómoda. Y el sufrimiento puede señalar a esa misma gloria. Si el sufrimiento va a resultar en mayor gloria, entonces ¡los perros se rinden al sufrimiento en sus vidas para que la gloria pueda brillar de gran manera! Hablemos de tres áreas comúnmente malinterpretadas donde la gloria de Dios puede brillar abundantemente: Dolencias físicas, disciplina, y sufrimiento o persecución.

Dolencias físicas

Juan describe una escena donde los discípulos se enfrascaron en una discusión teológica con Jesús. Dice así: «Al pasar Jesús, vio a un hombre ciego de nacimiento. Y le preguntaron sus discípulos, diciendo: 'Rabí, ¿quién pecó, éste, o sus padres, para que haya nacido ciego?'» (Juan 9:1–2). ¿Ve usted? Los discípulos tenían un problema teológico. Creían que el pecado causaba directamente todo el sufrimiento en el mundo. Entonces, ¿cómo puede un hombre nacer ciego? O el hombre pecó en el vientre de su madre o sus padres pecaron.[14]

Pero Jesús tenía una respuesta diferente porque lo vio desde una perspectiva diferente. Relacionó todo, no con el pecado, sino con la gloria de Su Padre. Para comprender mejor esto, recuerde que Dios nos formó en el vientre a cada uno de nosotros. (Salmos 139:13–16: «*Porque tu formaste mis entrañas; Tú me hiciste en el vientre de mi madre. Te alabaré; porque formidables,* maravillosas son tus obras; estoy maravillado y mi alma lo sabe *muy bien. No fue encubierto de ti mi cuerpo, bien que en oculto fui formado, y entretejido en lo más profundo de la tierra. Mi embrión vieron tus ojos, y en tu libro estaban escritas todas aquellas cosas que fueron luego formadas*»).

Es lo mismo para el hombre que nació ciego. Dios no dijo: «¡Oh!» cuando el ciego nació. No. Él lo creó ciego. ¿Por qué? Porque Dios quería que Su gloria fuera revelada. Jesús sabía esto y lo relacionó directamente con la gloria de Su Padre. Él respondió en el versículo 3: «'No es que pecó éste, ni sus padres,' dijo Jesús, 'pero esto pasó para que las obras de Dios se manifiesten en él'» (Juan 9:3). ¡Él nació ciego para la gloria de Dios!

Hágase usted mismo la pregunta, ¿Puede Dios sanar a Joni Eareckson Tada? La respuesta obviamente es sí. Pero Dios ha estado recibiendo mayor gloria dejándola paralizada desde 1967. Su parálisis terminará cuando entre a la eternidad, pero el Padre ha recibido mayor gloria por su estado actual. ¿Es eso justo? Bueno, regresemos al fundamento de este libro. La vida no se diseñó para girar alrededor nuestro; por lo tanto la pregunta, ¿Es eso justo para nosotros? No es una pregunta válida. La vida no fue diseñada para ser justa. Recuerde que la vida fue diseñada con una serie de oportunidades para señalar y revelar la gloria de Dios. ¡Y la experiencia de Joni irradia la gloria de nuestro Padre enormemente!

Por lo tanto, cuando hablamos de dolencias, podemos pedirle a Dios por sanidad, pero también debemos darnos cuenta que si las dolencias o enfermedades darán más gloria a Dios (en los ojos de otros o nos prepara para la eternidad con Él), Dios puede decidir permitirlo en nuestra vidas. Es en la gloria donde necesitamos enfocarnos, no en las dolencias. El apóstol Pablo pidió tres veces a Dios que lo sanara. ¿Y cómo respondió el Señor? Él dijo: «Mi poder se perfecciona en la debilidad» (2 Corintios 12:9). Dios estaba diciendo básicamente, «Pablo, recibiré más gloria en ti y a través de ti, dejándote con esa enfermedad en lugar de quitártela; voy a dejártela». Con todo muchos «gatos» viven con dolencias y en apuros y derrotados, sin darse cuenta que esto les fue dado para glorificar a Dios de una mayor manera, ¡y que esa gloria ha sido robada a Dios!

Disciplina

Veamos la segunda área en la cual la gloria de Dios no es considerada usualmente: es la disciplina. La Escritura es muy clara: *a aquellos que el Señor ama, Él los disciplina* (Hebreos 12:5–6).

Ahora, si Dios viviera para nosotros, si su objetivo fuera darnos una vida segura, suave y cómoda, entonces este tema de la disciplina no sería parte del paquete de Su plan. Pero es parte de él porque Su objetivo no es nuestra comodidad; Su objetivo para nosotros es que reflejemos Su gloria. Y hay veces que la disciplina permite que eso pase. De nuevo, la línea de oración en la gráfica va hacia abajo.

Mucha gente conoce el cuadro donde Jesús está cargando un cordero sobre Sus hombros. Pero pocos conocen el significado detrás de eso. Este se encuentra en la historia «El cordero con la pata quebrada» contada por William Branham. Esta es una vieja historia de pastores que fue contada en Jerusalén en Tierra Santa, de un pastor que llevaba cargando una oveja. Otro pastor le preguntó: «¿Por qué la estás cargando?»

«Porque tiene una pata quebrada».

«¿Cómo pasó eso? ¿Se cayó en un acantilado?»

«No, yo le quebré la pata».

Dijo el otro pastor, «¿Por qué? ¿Es usted un pastor tan cruel para quebrarle la pata a la oveja?»

«No, amo a mi oveja. Se me extraviaba y no podía hacer que me obedeciera. Así que le quebré la pata para que tuviera que depender de mí. La cargué, la alimenté, y estuve cerca de ella. A través de este proceso, aprendió a depender de mí, a mirarme, y a estar conmigo».[15]

El deseo de Dios es ver Su gloria perfectamente reflejada a través de nosotros. Él algunas veces necesita darnos menos comodidad (así que la línea de oración va hacia abajo) de manera que nos demos cuenta de que todo es sobre Él. ¡Y eso nos libera para irradiar Su gloria en nuestras vidas! ¿Qué padres amorosos no disciplinan a sus hijos cuando se salen de control? Es igual cuando Dios disciplina a una nación que se pierde lejos de Él. Todo esto pasa para que podamos reflejar Su gloria de una mejor manera en nuestras vidas y en nuestra cultura.

Gráfica 3

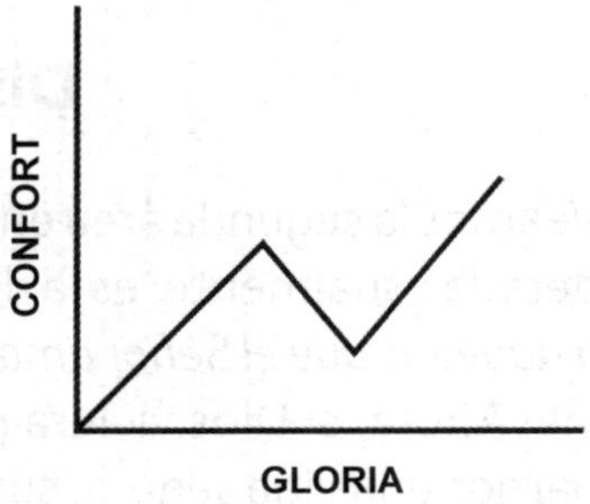

Después de esa disciplina, muchas veces la línea de oración va respaldada, demostrándonos que Dios nos dará más comodidad con mayor gloria. (Gráfica 3). (Pero puede que no).

Sufrimiento o persecución

Veamos la tercera manera en la cual los cristianos pasan por alto la gloria de Dios: sufrimiento o persecución. Cuando Jesús enseñó acerca de ser bendecidos en Mateo 5, dijo algo que sonaría extraño, si la persona promedio realmente se detuviera a pensar en eso. Él dijo:

> *Bienaventurados los que padecen persecución por causa de la justicia, porque de ellos es el reino de los cielos. Bienaventurados sois cuando por mi causa os vituperen y os persigan, y digan toda clase de mal contra vosotros, mintiendo. Gozaos y alegraos, porque vuestro galardón es grande en los cielos; porque así persiguieron a los profetas que fueron antes de vosotros.* (Mateo 5:10–11)

¿Somos bendecidos cuando somos perseguidos? Pero la persecución no hace más cómodas nuestras vidas; no lo hace más fácil. Está bien. Jesús sigue diciendo que somos bendecidos. Lo que esto significa es que hay alguna clase de bendiciones que Dios permite y que señala la línea de oración hacia abajo. En la teología del círculo de ganadores, vimos nuestra herencia y cómo interpretamos la Biblia sólo a la luz de los últimos cuarenta a sesenta años, así pues, nos olvidamos de las épocas pasadas. De forma similar, olvidamos lo que Dios permitió que pasara a los creyentes, en épocas anteriores.

Recuerde, Dios históricamente ha permitido que pasen cosas trágicas a Sus hijos para expandir Su reino y revelar Su gloria. (Le sugerimos que consiga una copia de *El libro de los Mártires* de Fox y que lo lea). Las gráficas de los mártires en ese libro serían como la gráfica número 4.

Gráfica 4

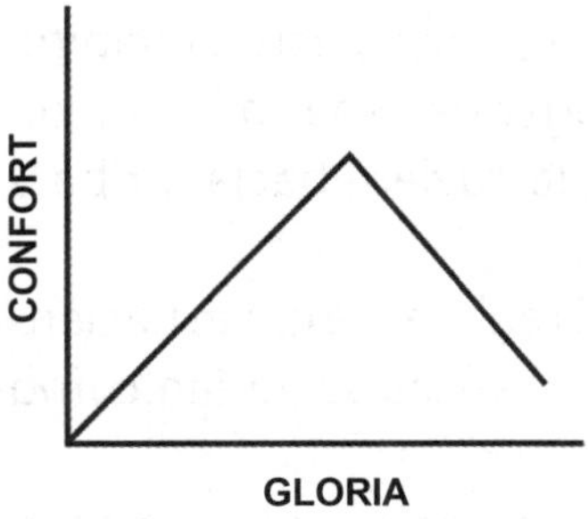

Enorme gloria se da a Dios en tiempos de persecución. Dios permite el pecado de este mundo para obrar de tal ma nera revelando Su gloria. ¿Quiere Dios que la gente sea perseguida?

¿Habrá persecución en el cielo? Para las dos preguntas, la respuesta es no. ¿Podría ser detenida la persecución aquí en la tierra? Sí. Pero Dios sabe que recibirá más gloria permitiendo que suceda. Dios usa el bien y el mal para Su gloria.

> Tú encenderás mi lámpara;
> Mi Dios *vuelve mis tinieblas en luz.*
> (Salmos 18:28, énfasis añadido).

Y enviamos a Timoteo nuestro hermano, servidor de Dios y colaborador nuestro en el evangelio de Cristo, para confirmaros y exhortaros respecto a vuestra fe. A fin de que nadie se inquiete por estas tribulaciones; porque vosotros mismos sabéis que para esto ***estamos puestos****. Porque también estando con vosotros, os predecíamos que* ***íbamos a pasar tribulaciones****, como ha acontecido y sabéis.* (1 Tesalonicenses 3:2–4, énfasis añadido)

Recuerde que esto no está restringido a épocas pasadas, pero ocurre ahora en otros lugares. (Revise nuestra página de internet en www.emp.o rg 'Cristianos perseguidos'). Pero cuando los gatos ven pasar algo y sus líneas de oración bajando (como el de un mártir), tratan de ayudar a Dios haciéndole ver las cosas a su manera diciendo: «Mire, Señor, usted recibiría la misma cantidad de gloria si en lugar de tener mi línea de oración hacia abajo y a la derecha, la tuviera hacia arriba y hacia la derecha» (gráfica 5).

Gráfica 5

Poco se dan cuenta de que lo que realmente están haciendo son oraciones egocéntricas. Sus gráficas se verían como la gráfica 6.

Gráfica 6

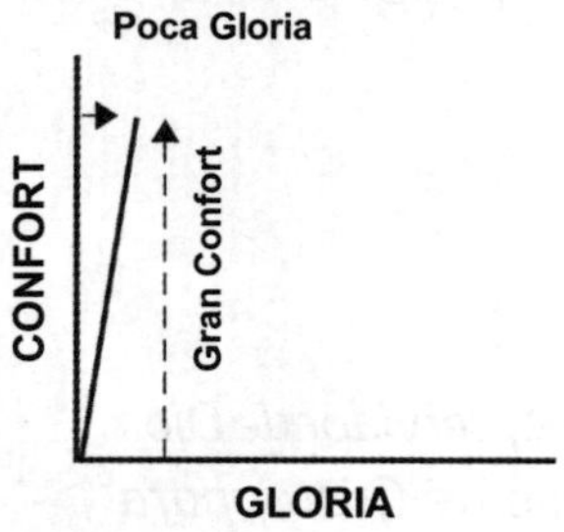

Dios está recibiendo poca o ninguna gloria, pero ellos están obteniendo enorme comodidad y seguridad. Y lo más triste es que siguen diciendo, «¡Gloria a Dios!» y «¡Dios es grande!» Pero en realidad, han perdido el Señorío de Cristo en sus vidas porque su preocupación principal es su seguridad y comodidad. Los «gatos» pueden ser «cristianos»

en su exterior (orando, yendo a la iglesia, enseñando en la escuela dominical) pero están muy lejos de glorificar a Dios en su interior.

Los «perros» no viven de esta manera. Estos constantemente preguntan, «¿Qué le dará más gloria a Dios?» y sus oraciones son engranajes para maximizar la gloria de Dios en sus vidas. Si significa tiempos difíciles, están conscientes de que Dios los causa a menudo en la vida de Sus hijos. Pero no nos malinterprete, los «perros» no son masoquistas. No están ansiosos de volverse mártires, pero a la vez, no se asustan de serlo. Todo se trata de dar la gloria a Dios; no de gloriarnos nosotros.

11

LOS «GATOS» ABRAZAN EL HUMANISMO CRISTIANO

Ocho palabras cambiaron literalmente mi vida adulta. Las recuerdo claramente (Bob). Las escuché en el restaurante *Black- Eyed Pea* cuando iba camino a la universidad en Mesa, Arizona. No vamos ahí con mucha frecuencia, pero nos gusta. La memoria está vívida en mi mente. Debby y yo necesitábamos una cita a solas, como pareja. Nuestros cuatro hijos eran menores de seis años, así que era nuestro turno. Dejamos encargada a la niñera y salimos en la noche. Poco sabía lo que estaba por venir.

De alguna manera sabía que algo estaba mal. Pensé que con esa cita se arreglaría. Pero ninguna cita habría podido arreglar este problema. Comenzamos a platicar de cosas triviales, pero había algo más. Estábamos a mitad de camino, cuando las palabras salieron. Fueron como una tormenta de relámpagos cayendo del cielo, enviando una señal de aviso a la que necesitaba prestarle atención.

«Querido,» dijo Debby finalmente, «Necesito decirte algo».

«¿Qué pasa?» dije, esperando que fuera algo que pudiera arreglar rápidamente (¡como un hombre de Marte!).

Ella dudó, y finalmente dijo: Ya no es divertido vivir contigo.» Estaba atónito. «Yo, ¿no soy divertido?» Pensé dentro de mí. Nunca lo hubiera pensado de esa manera. Estaba demasiado ocupado buscando obreros para el mundo musulmán como para pensar en tener diversión. Estos eran destinos eternos sobre los que estaba preocupado —No tenía tiempo para *divertirme*. Poco sabía que estaba parado en el «humanismo evangélico». Pero antes de ver eso, hablemos del humanismo en su totalidad.

El humanismo se define como un sistema de pensamientos o acciones concernientes al interés o ideales de la gente. Traduciendo esta definición a términos simples, podemos afirmar que el humanismo proclama que la razón de toda la existencia es la felicidad de la humanidad. Todo es sobre nosotros y la seguridad de que seamos felices.

El humanismo dice: si quiere usar drogas, está bien mientras ¡usted sea feliz! Si usted quiere acostarse con cualquiera, ¡está bien mientras sea feliz! Y si quiere cometer fraude en sus impuestos, ¡es comprensible mientras sea feliz! Solo asegúrese de ser feliz. El humanismo ha impregnado nuestra cultura e incluso se ha arrastrado silenciosamente a nuestro cristianismo, creando dos tipos de humanismo cristiano. El primer tipo de humanismo cristiano es uno que llamaremos «humanismo liberal». El segundo es el «humanismo evangélico». Comencemos mirando el humanismo liberal.

Humanismo liberal

El cristianismo liberal cristiano dice: La meta principal del cristianismo es la felicidad de la gente en la tierra. Las iglesias y denominaciones liberales han abrazado el humanismo. Un humanista liberal diría que Cristo murió para hacernos felices, ¡aquí en la tierra! La bondad de Dios se enfoca en la humanidad. Dios hizo toda la creación para nosotros. Jesús murió para darnos la buena vida. Los ángeles existen para servir a la gente. Yo voy a la iglesia porque tengo necesidades que se pueden resolver allí. ¡Dios existe para cuidarme y bendecirme! Todo es sobre mí.

Un ejemplo perfecto de esto se ve en dos de los amigos de mi hijo, quienes son hermanos. Tienen un programa especial de televisión que les gusta mucho, pero su mamá (nuestra amiga cercana también) tiene mucho cuidado de cuánto tiempo pasan viendo la televisión y cuánto tiempo pasan en la Palabra de Dios. Así que hizo un trato con sus hijos. Podrían ver la media hora del programa de televisión, si antes del programa pasaban media hora en la Palabra de Dios.

Bueno, ¿adivine qué? ¡Empezaron a leer sus Biblias regularmente! ¿Por qué? Porque querían ver el programa de televisión. El énfasis estaba en lo que querían, no en el hecho de que Dios era alguien maravilloso para pasar tiempo con Él. Esta motivación y pensamiento es muy típico de los «gatos». ¡Juegan al cristiano con Dios, para ser bendecidos! En sus corazones, los «gatos» básicamente están diciendo: «Señor, Me convertí en cristiano porque quería que me bendijera. ¡Bendígame, Señor; abundantemente!»

Si, como los gatos piensan, el propósito de Dios y de toda la creación es bendecirnos , y nuestro propósito es ser bendecidos, ¿cuál es la mejor manera de ser bendecidos? El gato humanista liberal diría: «Dios quiere bendecirnos con cosas y buena salud». Muchos «gatos» cristianos están seguros de que la vida cristiana se trata de esto. Dios bendijo a Abraham con larga vida y con cosas. Dios bendijo a Salomón con cosas cuando él solo pidió sabiduría, y le dio una larga vida. Todo tiene que ser sobre cosas y una larga vida.

La verdad es que, no muchos «gatos» humanistas podrían decir esto abiertamente, pero en privado parecen creerlo y vivirlo. Con respecto a «cosas», esta es la carta del «materialismo» que Satanás les ha repartido. ¡Su vida de oración sólo se enfoca en pedirle cosas a Dios! Como resultado, Satanás ha engañado a muchos llevándolos a enfocarse en la buena vida haciendo a un lado la vida santa. Él los engaña haciéndoles pensar que la buena vida es igual que la vida cristiana, y entre más fácil, suave y cómoda sea, más espiritual debe ser. Con respecto a una larga vida, esta es la carta de la «salud». Mucha gente cree que si no llega a la edad madura, al menos setenta años, debe haber pecado en sus vidas.

¿Por qué se alegra Satanás cuando los cristianos buscan a Dios sólo para pedirle cosas y una larga vida? Porque el enfoque no está en Dios o en Su gloria. El «gato» básicamente está diciendo: «Dame lo que quiero, entonces te alabaré».

Mientras que la idea insinúa que Dios recibirá la gloria, ésta es dependiente de nosotros al recibir lo que deseamos. Actualmente, los «gatos» viven para ellos mismos, no para Dios.

Desafortunadamente vemos todo esto muy frecuentemente. Se manifiesta en forma de «Teología de la salud y la abundancia». Y a menudo anima a los cristianos a «¡nombrarla y reclamarla!» Nos dice que Dios quiere que seamos ricos. Se enfoca en confiar en que Dios va a proveer todas nuestras necesidades con Sus riquezas. Estas cosas pueden no ser incorrectas, pero son muy incompletas en su mensaje. El enfoque de estos mensajes no está en Dios. ¡El enfoque está en la gente! ¿Es incorrecto ser rico en este mundo? No. Pero si las riquezas quitan su enfoque de Dios y de Su gloria, entonces sus prioridades son contradictorias, y eso no le agrada a Dios. Recuerde, Él es un Dios celoso.

Pero no es solamente en las cosas en las que Satanás nos lleva a enfocarnos. Junto con las prioridades incorrectas, Satanás logra que los humanistas liberales se enfoquen en el simple ideal de ¡ser feliz!

Había un pastor joven de una iglesia en dificultades en Pittsburgh, Pennsylvania, cuya esposa lo dejó repentinamente. Fue delante de los ancianos y les preguntó qué debería hacer. Los ancianos se reunieron y hablaron sobre la situación. Pesando los pros y los contras, consideraron cómo le afectaría tratar de salvar su matrimonio y cómo afectaría a la iglesia. ¿Debería salir y tratar de salvar su matrimonio o quedarse y dejar ir a su esposa? Concluyeron que lo mejor para él y la iglesia era dejar ir a su esposa para que así él pudiera quedar en Pittsburgh. No pensaron como afectaría esto a Dios y a Su reputación. Su enfoque falto de visión estaba centrado en la felicidad del pastor y de la iglesia.

Muchos cristianos han recibido también consejo de alguien que tiene la reputación de ofrecer consejo «bíblico», solamente para encontrar que ese consejo dice: Dios quiere que usted sea feliz, y puesto que este matrimonio lo está destrozando, vaya y divórciese. ¿Qué comunica este tipo de consejo? ¡La vida es para ser feliz! Y si su matrimonio no está funcionando, y ha tratado de reconciliarse y las cosas no mejoran libérese del matrimonio. Abandónelo. Será más feliz divorciado. ¡Todo es sobre usted!

Humanismo evangélico

El cristianismo liberal no es el único que ha abrazado el humanismo. El cristianismo evangélico ha sido influenciado por él también. Satanás tiene una carta especial para los «gatos» evangélicos, espirituales. Él sabe que los «gatos» no se enfocan tanto como otros en la salud y cosas materiales, así que enfoca su atención en la salvación de otros. «Así es,» dice, «no es sobre las cosas; ¡es sobre ministrar y dar a otros, para que puedan tener vida eterna!»

Mientras que es verdad que uno de los caminos que Dios elige para revelar Su gloria es que nosotros alcancemos a los perdidos, Satanás tiene nuestra atención enfocada en estas cosas a tal grado, que salvar a los perdidos se convierte en una mayor prioridad que Dios y Su gloria. Esta manera única de revelar la gloria de Dios puede salirse de proporción, de tal forma que puede controlar la vida cristiana por completo. Para mantenernos motivados y enfocados en esta área, Satanás continuamente nos recuerda, «No se olviden de los perdidos; todo es sobre los perdidos. Van a ir al infierno. Enfóquense en los perdidos.» Mientras que el humanismo liberal cristiano dice: el cristianismo es tratar de hacer feliz a la gente mientras está en la tierra, el humanismo cristiano evangélico dice: La meta principal del cristianismo es la felicidad de la gente después de morir. En otras palabras, ¡asegúrese de que la gente no vaya al infierno!

¿Notó la diferencia? Una se enfoca en la gente antes de su muerte, y otra se enfoca en la gente después de morir; pero ambas se enfocan en la *gente*. ¿Por qué Satanás nos animaría a pensar de esta manera? ¡Porque sustituye a Dios y Su gloria como el centro supremo de nuestras vidas! Nuestra atención está centrada en asegurarnos que la gente no vaya al infierno después de morir. Así que hacemos todo lo que podemos para salvar a la gente de ir al infierno. Motivamos a la gente para que vaya a las misiones a través de la culpa, con comentarios como este: «Treinta y cinco mil musulmanes mueren cada día e inmediatamente van al infierno. ¿Qué ha hecho usted al respecto?» Y mientras tanto, Satanás nos está diciendo: «La gente va a ir al infierno a menos que usted salga y haga más, dé más, o vaya al campo misionero».

Ahora mismo su mente puede estar confundida, dando vueltas. Usted puede estar pensando qué tiene de malo alejar a la gente del infierno, y puede estar listo para hacer este libro a un lado. Pero quédese con nosotros porque la verdad de esto puede librarlo de la culpa.

¿Hay algo de malo en salvar a la gente del infierno? ¡Claro que no! Entonces, ¿cómo puede ser malo? Es malo de la misma forma que todo lo demás ha sido malo. Puede sustituir las prioridades de ver, saber, y disfrutar la gloria de Dios y del hacer todo para Su gloria. Quita la gloria de Dios de su lugar de primacía y pone a la gente en su lugar.

Esto puede verse en muchas áreas de la vida cristiana.

En una gran conferencia de misiones en Inglaterra, había tiempo para que los misioneros compartieran sobre sus ministerios.

Algunos dieron mensajes de victoria; otros sólo pidieron oraciones de intercesión por la victoria. Cada uno de los que hablaron de gente convirtiéndose a Cristo (y de iglesias naciendo) recibió una enorme ronda de aplausos. El auditorio irrumpió con aclamaciones. Pero los misioneros que hablaron de caminar con Dios, y de que todavía no veían fruto entre la gente que habían evangelizado, no recibieron ningún aplauso. ¿Qué comunicación no verbal se estaba dando en esta conferencia misionera? Que lo más importante era hablar sobre la gente que llegó a conocer a Cristo y poco se habló sobre la gloria del Padre.

Esos misioneros que habían aprendido la lengua, que habían preservado relaciones de amistad, y que se habían quedado en el campo misionero a pesar de la frustración y la fatiga, revelaban la gloria de Dios a través de su paciencia y dolor, y solamente solicitaron peticiones de oración —no hubo ninguna celebración para ellos. En esa reunión no se habló sobre la gloria de Dios brillando a través de la perseverancia, sino del mundo perdido y cómo guiarlo al cielo.

Fronteras, una organización misionera, busca contradecir esto. Comenzó así su declaración sobre la misión, diciendo: «Nuestra misión es glorificar a Dios plantando iglesias que conduzcan a movimientos entre toda la gente musulmana». El primer y principal enfoque está en la gloria de Dios. Después hablan de cómo trabajar a fin de alcanzar a los musulmanes.

Cuando la humanidad fue creada, Adán y Eva adoraban a Dios. Tenían intimidad uno-a-uno con el Dios vivo. Lo buscaban y deseaban caminar con Él en el jardín, bajo el aire fresco del día. Pero cuando el pecado entró, fueron separados de Dios. No mucho tiempo después de desear Su compañía, se escondieron de Su presencia.

Pero la muerte de Jesús trajo la salvación, por tanto la humanidad no tiene que morir más sin esperanza, tampoco nosotros tenemos que vivir más sin la amistad de Dios. La cruz no fue diseñada solamente para salvarnos del infierno, sino para llevarnos nuevamente a tener amistad con Dios para restaurar esa intimidad de uno-a-uno, y nuestra adoración a Él. Recuerde: el propósito principal es caminar hacia el cielo, ¡no caminar lejos del infierno!

Pero Satanás tiene a mucha gente estancada en este tema de salvar a la gent e del infierno . No es incorrecto ; está ___________. Los «gatos» evangélicos pueden estar tan enfocados salvando gente del infierno, que tienden a pasar por alto la necesidad de la restauración del compañerismo, de la adoración y de la alabanza. El evangelismo y el alcanzar a la gente, se ha vuelto un fin en sí mismo, no es más un medio hacia la meta total de buscar la intimidad con Dios. Su enfoque está en salvar a la gente, en lugar de llevarlos ante el trono de Dios. Una vez más, los «gatos» han sido engañados por Satanás.

Puede ver ejemplos de esto regularmente. Desafortunadamente, no es poco común escuchar de esposas que abandonan a sus esposos a pesar de que ellos están en el seminario. ¿Qué está pasando allí? El esposo se consume tanto preparándose para ministrar a la gente que se olvida de revelar la gloria de Dios en su matrimonio. Y cuando finalmente está listo para el ministerio, la esposa puede pensar: «Si así va a ser toda nuestra vida de casados, me voy de aquí».

Usted puede ver también esto en la vida de algunos pastores. Sus hijos son rebeldes, sus matrimonios están fallando, y sus vidas son una ruina, pero piensan que ese es el precio que tienen que pagar por salvar a la gente para Cristo. Están enfocados en llevar a otros a Cristo pero no en mostrar, manifestar e irradiar la gloria de Dios en su vida personal y en sus hogares. Algunas veces estamos tan impresionados con sus ministerios que excusamos todo lo demás. Vemos a la gente ser ganada para Cristo y pensamos: «¿Cómo puedo desafiar eso?» Muchos no se ven desafiados y terminan divorciándose años más tarde. Pero usted *puede* y debe desafiarlo porque nuestras vidas no son sobre las personas; ¡son para revelar la gloria de Dios en cada área de nuestras vidas y en todas las naciones de la tierra!

Dios es glorificado cuando alcanzamos a la gente pero no cuando sustituye a un glorioso y celoso Dios en Su trono. Muchos misioneros han regresado a casa, desde el campo misionero, tan consumidos por alcanzar a la gente para Cristo, que han pasado por alto la santidad en su matrimonio y en la crianza de los hijos. Entonces una vez que están en casa terminan divorciándose. ¿Por qué? Porque olvidaron demostrar la gloria de Dios en sus matrimonios. Olvidaron demostrar la gloria de Dios en la crianza de sus hijos. Estaban siendo tan consumidos en alcanzar a otros para Cristo, que durante el proceso, dejaron otras prioridades, responsabilidades, y obligaciones que son igual de preciosas.

Ve usted, hasta cierto grado, los «gatos» deifican la humanidad. Si somos cristianos liberales humanistas, nos sentamos en el trono con Dios y posiblemente hasta lo quitemos con un puntapié, sin darnos cuenta. ¿Por qué? Porque no hay suficiente espacio para nosotros, y para Él, y para todas las cosas con las cuales nos bendice.

Pero, si somos humanistas evangélicos, hemos puesto al mundo perdido en el trono. Porque parece tan cristiano, tan espiritual, tan bueno y parece agradarle a Dios; raras veces somos desafiados por ello. Pero el mundo perdido nunca debe sustituir a Dios en Su trono. Con el humanismo cristiano, hay una forma liberal y hay una forma evangélica. Debemos cuidarnos de vivir en cualquier extremo, porque ambos han sustituido a Dios por la gente.

La Misión de Rescate vs. La Búsqueda del Tesoro

Yo (Bob) finalmente pensé por qué rara vez comparto la fe con los norteamericanos. (Pónganme alrededor de la gente internacional, no hay problema, pero ¿norteamericanos?) ¡Me di cuenta de que no tenía «buenas noticias» para decirle a nadie!

Piénselo. Qué le iba a decir: «Oiga Juan, ¿quiere recibir a Cristo Jesús en su vida, garantizando su salvación eterna? Y por otro lado también tiene a su esposa diciéndole que usted ya no es divertido. También puede estar preocupado por cerca de un millón de musulmanes que van al infierno. También puede quemar su vela por ambos lados tratando de 'salvar' a cada uno de ellos, y también puede caminar bajo el peso de los budistas, hindúes, y el mundo chino, preocupándose de que todos ellos van a ir al infierno. ¡Acepte este evangelio, y puede ser un candidato perfecto para consumirse y sufrir una ligera depresión la mayor parte del resto de su vida!»

Esas no son buenas noticias para mí o para cualquier persona. Ese es el por qué, mi esposa hizo que me sentara y me habló directamente. La Biblia me recordó: «El reino de los cielos es semejante a un tesoro escondido en un campo. El cual un hombre halla, y lo esconde de nuevo; y gozoso por ello va y vende todo lo que tiene, y compra aquel campo» (Mateo 13:44). Me di cuenta que la mayor parte de mi vida cristiana, había estado en una misión de rescate, salvando a musulmanes del infierno. No había estado buscando un tesoro ni deleitándome en el Dios vivo y verdadero. Y hay una gran diferencia entre las dos. Por supuesto que tenía tiempo de meditación. Por supuesto que adoraba al Señor. Pero era como un vistazo ocasional sobre mi hombro por la mañana, y luego por el resto de mi día, estaba enfrentando el infierno, buscando rescatar a la gente.

Fíjese bien. Muchos evangélicos están en misiones de rescate, no buscando tesoros. El propósito del ministerio *Revelando la Gloria** es evitar que la gente viva esa clase de vida. ¿Por qué? Porque sabemos el peligro de una vida enfocada en la gente y no en Dios. No quisiéramos que usted viviera su vida ocupada en una misión de rescate, salvando a la gente del infierno y olvidando la gloria de Dios en otras áreas. Preferiríamos que su vida fuera vista y comprendida como una que ha encontrado el tesoro, y que guía a otros hacia la búsqueda del tesoro. Los que han encontrado el tesoro desearán naturalmente animar a otros a unirse. Los que están simplemente en una misión de rescate pueden perder sus familias, sus ministerios, y sus vidas mientras tratan de salvar a otros.

Cuando Greg Livingstone asumió la dirección de una agencia misionera, decidió ir a visitar a los misioneros en el campo. Cuando llegó, se dio cuenta por qué los musulmanes no se habían convertido a Cristo. Pensaba que los musulmanes estarían diciendo: «Oiga, usted está caminando deprimido, con toneladas de culpabilidad sobre sus hombros. La vida parece terrible para usted. Lo que sea que usted tenga, yo no lo deseo». Animó a algunos de esos misioneros a regresar a sus hogares y sentirse bien consigo mismos.

Contrario a todo el humanismo liberal y evangélico, los «perros» dicen que la meta principal del cristianismo no es ser feliz (ya sea antes o después de la muerte), sino glorificar a Dios. La felicidad no es el producto principal de la vida cristiana; es el subproducto de deleitarse en Dios. Si usted recibe el regalo de la felicidad mientras glorifica a Dios, es fantástico. Pero la felicidad no es la meta fundamental, eso es secundario.

Estamos aquí para señalar, para irradiar, y para revelar Su gloria en una multiplicidad de formas. Cuando vemos la gloria de Dios brillando a través de nosotros y nos damos cuenta de que de esto trata la vida, ¡podemos encontrar gozo en el hecho de que estamos cumpliendo el propósito por el cual fuimos creados! Nuestro propósito es darle la gloria a Dios, no robársela. Con todo, los «gatos» se encuentran en extremos peligrosos de hacer justo eso —robarle a Dios. Ese es el tema del siguiente capítulo.

12

ROBAR LA GLORIA DE DIOS EN LOS MOMENTOS DIFÍCILES

En Sierra Leona, varios equipos valerosos, plantadores de iglesias, mostraban la película JESÚS en un área implicada en una guerra civil. Las condiciones empeoraron rápidamente, y los rebeldes invadieron el distrito. Los miembros del equipo acababan de ocultar sus cámaras, cuando cuatro de sus miembros fueron capturados por los rebeldes y tratados como esclavos.

Por meses fueron obligados a cargar el equipo y provisiones de los rebeldes de un lugar a otro. Les quitaron los zapatos para evitar que huyeran. Como caminaban grandes distancias, se abrieron cortadas profundas en sus pies y aparecieron graves infecciones, extendiéndose hacia sus piernas. Uno de los miembros del equipo finalmente se acercó a un soldado, y le dijo que no podía ir más lejos debido al intenso dolor. El soldado respondió poniendo un rifle AKA en su cabeza y lo mató. ¿Cómo podría Dios usar esto para Su gloria? ¿Haría que los miembros restantes del equipo siguieran confiando en Dios, declarando su soberanía?

Finalmente, los rebeldes encontraron el equipo de proyección oculto, y una copia de la película en su propia lengua. Ordenaron a los miembros del equipo instalar el equipo y exhibir la película. Después de ver la película JESÚS, algunos de los soldados se hicieron cristianos y quedaron tan impresionados que se la mostraron a su comandante. ¡Él ordenó que se mostrara a todos los rebeldes en el área! Varios creyeron en Cristo. Antes de ser liberados, los miembros «esclavos» del equipo, fueron capellanes de los rebeldes y los discipularon en su nueva fe.

Todo el tiempo, Dios tenía un plan. Él sabía lo que estaba haciendo. (Él siempre sabe lo que está haciendo). Y durante todo el tiempo difícil que viene a nuestra vida, nos pide que pongamos nuestra fe en Él continuamente, porque a través de esto recibe la gloria.

Para ayudarnos a comprender más cómo aprender a darle la gloria a Dios en tiempos difíciles, necesitamos hablar sobre algo llamado «gloria potencial». Para entender qué es, pensemos en un billete de $100 dólares. Si le ofrecieran un billete nuevecito de $100 dólares, ¿lo aceptaría? ¡Claro que lo haría! (¡Por favor únase al juego; ayude a hacer la lectura más fácil!) Pero si fuera un billete maltratado y arrugado y hecho bola, ¿aún lo querría? Por supuesto que lo querría, porque su valor sigue siendo $100 dólares. Y qué si el billete fuera lanzado al piso y pisoteado varias veces, ¿aún lo querría? De nuevo su respuesta debe ser un resonante sí, ¡porque su valor no ha cambiado!

Qué si el nombre de ese billete de $100 dólares se hubiese usado en vano, y alguien hubiera maldecido y jurado con él. ¿Aún lo querría? Por supuesto, diría otra vez usted. Pero ¿Por qué? ¿Por qué aún lo querría? La respuesta es, porque su valor sigue siendo ¡cien dólares!; no importa lo que hagamos con el billete, todavía conserva su valor. Puede pisotearlo, puede abusar y despilfarrarlo, puede gritar y usar su nombre en vano; pero, no importa lo que usted haga con ese billete, no pierde su valor.

Este mismo principio se aplica a la gloria de Dios. No importa lo que hagamos con la gloria de Dios, su valor no cambia. La gente puede pisotearla y arrastrarla en el lodo. Puede ser que repetidamente usen el nombre de nuestro Señor en vano, pero no importa lo que hagan, la gloria de Dios nunca pierde su valor. A través de situaciones graves, puede que no veamos Su gloria brillar, pero sigue allí. La gloria de Dios nunca pierde su valor o Su presencia. Es como despegar en un avión en un día nublado, y atravesar las nubes teniendo en cuenta que el sol seguirá brillando. La gloria de Dios brilla, no importa cuántas nubes haya en nuestras vidas.

Ya que fuimos creados para irradiar la gloria de Dios, y que esta pueda brillar en cualquier situación difícil, nuestra meta debe ser buscar Su gloria a través de cada fase y circunstancia de la vida, incluso si fuéramos tomados como esclavos por las fuerzas de la guerrilla.

Los «gatos» ven las circunstancias difíciles y excusan su reacción al decir: «Somos solamente humanos». Aunque eso es verdad, Dios no nos llama a ser humanos. Nos creó de esa manera, pero luego nos llamó a ser santos. Eso es difícil de hacer, pero es nuestro llamado.

Ahora, deseamos definir «gloria potencial», como la gloria que se puede dar a Dios, que refleja Su perfecta soberanía y que lo honra en cualquier situación. Pero la gloria puede también ser pasada por alto y no irradiarse en correspondencia a Dios y por lo tanto se pierde. La gloria potencial está alrededor de nosotros, dondequiera que estemos, en cualquier cosa que hagamos, y cualquiera sea nuestra situación o circunstancia. Dios siempre está allí y siempre trabaja. La Escritura nos recuerda: «Porque de Él, por Él y para Él son todas las cosas» (Romanos 11:36).

¿Cuántas cosas? ¡Todas las cosas! Esto incluye cualquier cosa desde cambiarle el pañal a un niño hasta mirar las nubes; desde conducir en carretera para ver el juego de fútbol de su hijo o el recital de ballet clásico; desde oler una rosa hasta mirar la puesta de sol, y aún hasta ser capturado como esclavo y batallar con una enfermedad que amenaza su vida. Podemos ver cualquiera de ellas correctamente, e irradiarlas de nuevo como respuesta a Dios, y decirle: «Dios, usted es asombroso» o podemos resistir bajo las circunstancias, sin reconocer la obra de Su mano en nuestras vidas y no irradiar la gloria a Dios. Podemos ignorar la gloria de Dios y no darle el crédito que Él merece. Podemos pasar por alto Su actividad y soberanía al enfocarnos en intentar tratar de escapar de los tiempos difíciles. La oportunidad potencial de darle la gloria a Dios se evapora delante de nosotros. Podemos llamar a esto «robarle a Dios la gloria potencial».

La gloria potencial se pierde más a menudo a través del tiempo duro y difícil —en ese tiempo no tenemos el estilo de vida seguro, suave y cómodo que esperamos. Estas ocasiones proporcionan oportunidades para irradiar la gloria de Dios, pero las perdemos. ¿Por qué? La razón es que simplemente no hemos aprendido que Dios es Señor sobre todo «juego de *pinball*» de Satanás.

¿El «juego de pinball» de Satanás? ¿Qué significa eso? Tal vez usted recuerde el antiguo juego llamado *pinball* que tenía una pelotita de acero que corría alrededor de la mesa. Al rodar, pegaba contra postes eléctricos que provocaban que la pelotita saliera fuera de control hacia cualquier número de direcciones, de tal modo que topaba contra otro poste eléctrico repitiendo la misma acción. La pelotita estaba siempre topando y fuera de control. Algunas veces las situaciones se parecen a eso. La vida parece correr solamente dando topes en las circunstancias, que a su vez se dirigen a toda velocidad en otra dirección, hacia otras situaciones. La vida parece estar fuera del control de la mano de Dios y Su voluntad.

Esto es lo que pasó con el equipo de la película JESUS. Parecía un panorama terrible en el cual Dios le había dado la espalda a Su gloria. Sí, hubo sufrimiento en el proceso, pero era un precio pequeño que pagar para revelar la gloria de Dios de una manera tan significativa, sin mencionar que nuestro sufrimiento no es digno de ser comparado con las recompensas que Dios nos dará (Romanos 8:18). Dios siempre puede usar ese tiempo difícil para Su gloria. Y está sucediendo a toda hora.

No hace mucho, hubo un tiroteo en la escuela preparatoria Columbine. ¿Dios lo causó? No. ¿Había allí gloria potencial? Sí. No solo estaba la gloria de Dios sino que Dios también usó la situación para ¡revelar Su gloria! Cuando algunos de los estudiantes de la preparatoria Columbine fueron y realizaron disparos, matando a otros estudiantes y un maestro, los «gatos» preguntaban, «¿dónde estaba Dios?» Ellos no vieron que Dios tenía al noticiero CNN difundiendo el funeral en vivo alrededor del mundo y el evangelio fue escuchado en países donde no se permite entrar a los misioneros. Muchos jóvenes no cristianos entregaron su vida al Señor. Muchos jóvenes cristianos volvieron a dedicar sus vidas a Cristo a través de la campaña «Sí, Creo», y muchas iglesias crecieron juntas y unidas. Dios recibió gran gloria, por medio de los actos pecaminosos de libre albedrío de los estudiantes, que fueron incitados y dirigidos por Satanás.

No mucho después de eso, otra «pelotita de pinball» pegó en las noticias. Es como si Satanás hubiera dicho: «Si no puedo contener la gloria de Dios en una escuela, lo haré en una iglesia. Dañaré a esos cristianos donde más les duela». Así que en Texas, en el área de Fort Worth, un hombre armado entró a una iglesia bautista durante la reunión de oración del miércoles por la noche y empezó a dispararle a gente inocente. Otra vez los «gatos» estaban preguntando, «¿dónde estaba Dios?» Pero Dios dijo, «Puedo usarlo para Mi gloria. Puedo glorificarme en esto, y lo haré».

De lo que pocas personas se dieron cuenta, es que antes de que ocurriera esa tragedia, el pastor, el hermano Al, dijo: «Señor, haga lo que sea para expandir este ministerio». (Aunque Dios no necesita nuestro permiso para trabajar en nuestras vidas, permítanos darle una palabra de advertencia: tenga mucho cuidado en lo que pide cuando ora — (¡puede ser que lo reciba!) Después del trágico incidente, Dios le permitió al pastor Al aparecer en televisión en el programa de «Larry King en Vivo» y compartir el evangelio con una audiencia potencial de más de 200 millones de personas (¡significativamente mayor al de su típica asistencia a la reunión de oración de los miércoles por la noche!). De nuevo el noticiero CNN difundió el funeral, y treinta y cinco personas en Japón (de quienes escuchamos) dieron sus vidas a Cristo como resultado. Los maestros del sistema escolar público guiaron a los niños a Cristo. La iglesia fue inundada por correos electrónicos preguntando, «¿Cómo puedo obtener la paz?» ¿El resultado final? Dios recibió tremenda gloria a través de algo que en otro sentido habría sido una tragedia pura.

Los «gatos» a menudo dejan pasar la gloria de Dios porque están muy enfocados en lo que la gente está obteniendo. Ven la muerte y el dolor sinceramente pero nunca quitan su atención de ello y piensan qué podría Dios estar obteniendo de eso. Vayamos un paso adelante para ayudarle a entender cómo los tiempos difíciles están preñados de gloria potencial al decir, «Entre más difícil sea, mayor gloria recibirá Dios». Si pudiéramos poner esto en una gráfica se vería como en la gráfica número 7:

La gráfica muestra «Tiempos difíciles» ascendiendo. Al venir circunstancias duras a nuestra vida, la línea se mueve hacia arriba. Moviéndose de izquierda a derecha, encuentra «gloria potencial», esto es, el grado o cantidad de gloria que Dios puede recibir. Al incrementarse nuestros tiempos difíciles, ¡nuestro potencial de irradiar la gloria de Dios crece!

Gráfica 7

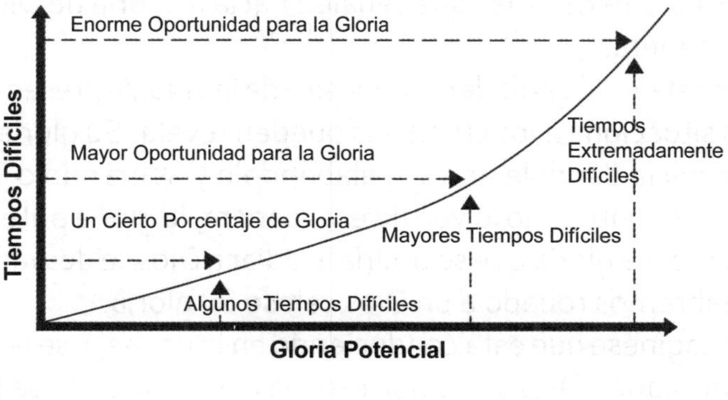

Entonces, como lo muestra la gráfica, si tenemos pequeños tiempos difíciles, tenemos el potencial de darle a Dios un bajo grado de gloria. Al tener mayor dificultad, tenemos la oportunidad de darle mayor gloria. Y si tenemos tiempos extremadamente difíciles, podemos darle a Dios la gloria en sumo grado. Entre mayor grande sea el grado de dificultad, mayor será el grado potencial de darle la gloria a nuestro Padre.

Aunque los cristianos «perros» no están exentos de pasar por tiempos difíciles, cuando estos llegan ¡los ven como una oportunidad para revelar más la gloria de Dios! Pero, cuando hay tiempos en que la gloria de Dios no brilla a través de más y mayores bendiciones, ¿cómo responden los «gatos»? Cuando hay profundo dolor emocional, cuando hay cáncer, cuando hay una violación, cuando hay una muerte temprana, entonces gritan:

«¡Esto apesta! ¡Dios, eso no es justo!» y son totalmente inconscientes del potencial para glorificar a Dios. De hecho, si no están siendo bendecidos no tienen razón para glorificarlo.

Cuando las cosas no «son justas para los gatos», empiezan a culpar a Dios por lo que pasa. Como resultado los «gatos» pueden sentirse amargados, resentidos e incluso enojados contra Dios.

Los «gatos» típicamente nunca se detienen a considerar que estas son bendiciones disfrazadas u oportunidades diseñadas para permitirles que señalen hacia la gloria de Dios en gran manera.

¡Y este es el verdadero propósito de la vida! Al presentarse estas situaciones, los cristianos pueden revelar Su gloria y su supremacía dándole gracias, alabándolo y adorándolo. Pero como los «gatos» no lo ven de esa manera, la gloria potencial se pierde. La gloria que se podría irradiar a Dios se desvanece, y le habremos robado a un Dios celoso Su gloria.

Imagínese que está conduciendo en la noche, y se le poncha una llanta. Dios sabía que eso iba a pasar (de eso se trata Su soberanía). ¿Cómo va a responder? Va usted a decir, «Dios, este es un momento terrible, pero sé que usted está en control; voy a confiar en usted y a alabarle por esto» (¡Oh! ¡Cómo esa fe y confianza en Dios exhibe Su gloria!) ¿Y empezará a cantar la doxología, «Alabe a Dios de quien fluyen todas las bendiciones...»? No. La mayoría del tiempo actuamos como los «gatos», enfocándonos en lo que obtendremos de eso y maldiciendo la situación calladamente. Y en el momento que empezamos a hacer eso, le estamos robando la gloria a Dios.

La hija de una mujer quedó cuadripléjica. Para poder cuidar a su hija esta mujer tuvo que cambiar todo, renunciar a su trabajo y se convirtió en su cuidadora de tiempo completo. ¿Cómo respondió esta madre? Ella habría podido decir, «Señor, esto significa que voy a tener que renunciar a mi trabajo. Voy a tener que vivir un estilo de vida más pobre y cuidar de mi hija tiempo completo, pero sé que esto me va a ayudar a construir mi carácter y me hará más como usted. Va a ser insoportablemente difícil, pero voy a confiar en Usted a través de todo esto. Demostraré a otros lo que significa desarrollar el corazón de un siervo».

Desafortunadamente no lo hizo. Ella creyó la mentira que Satanás susurró en su mente, diciéndole que todo era sobre ella, y que su vida estaba ahora destruida. Entonces, ella fue a una tienda de armas, pidió una pistola, puso una bala dentro, y jaló el gatillo, matándose. He aquí una mujer que tuvo la oportunidad de su vida para darle la gloria a Dios viviendo sacrificialmente para alguien más. Pero creyó la mentira de Satanás de que todo era sobre ella, y le robó la gloria a Dios.

Imagínese la alberca favorita donde les gusta nadar a los niños. Un niño salta al agua de cabeza y golpea algo bajo el agua que quiebra su cuello. Naturalmente todos piensan en esto como una tragedia y más cuando descubren que el niño quedará paralizado para siempre. Podríamos dejar aquí la situación y quejarnos sobre el desafortunado accidente por años, o podemos ver la gloria de Dios. ¿Está allí? ¡Ciertamente lo está! Sólo pregúntele a *Joni Eareckson Tada* sobre eso.

La historia de Joni la hizo famosa en un libro escrito con ese nombre, y su fama aumentó de forma dramática en la década pasada. Pero no es realmente su fama, sino su testimonio que ha sido tan sinceramente recibido. Por medio de sus dificultades, ella ha continuado buscando, adorando y alabando al Señor. Debido a estas trágicas circunstancias, ha desarrollado un testimonio ¡que ha sido escuchado por millones! ¡La gloria de Dios ha aparecido en primer plano! Como resultado del accidente, se le ha dado un ministerio que sobrepasa cualquier cosa que ella hubiera soñado. Joni le ha dado a Dios enorme gloria en medio de todo. Es verdad: a mayor grado de problemas, mayor es la gloria que recibe Dios.

Cassie Bernall era una joven que fue herida en el tiroteo de la escuela Columbine. Aunque murió, su historia, su testimonio, y la gloria de Dios vive en ello. En un seminario reciente de *Revelando la Gloria*, yo (Gerald) conocí a los abuelos de Cassie (Lee y J. J. Jorgensen), quienes estaban allí para decir que la muerte de Cassie no solamente había proporcionado una oportunidad para proclamar el valor, y la gloria de Dios, sino que también los había involucrado en un ministerio. Estos abuelos ahora estaban siendo invitados por escuelas en toda la nación para hablar y conocer a los estudiantes y así proclamar el valor y la gloria de Dios.

Cuando son confrontados con el hecho de que Cassie ha tenido más oportunidad para el ministerio, más impacto, y más influencia para la gloria de Dios con su muerte que la que pudiera haber tenido si hubiera estado viva, estos dulces, y amorosos abuelos inmediatamente aceptan que están de acuerdo que su muerte fue una tragedia, ¡pero que Dios está recibiendo gran gloria por ese medio!

¿Desea otra historia inspiradora? Había una familia misionera trabajando con turcos en Eurasia. Hablaban muy bien la lengua y eran los únicos misioneros en quienes confiaban los turcos. Entonces el esposo (y padre) fue diagnosticado con cáncer. Aunque su iglesia lo trajo de regreso y le dio los mejores cuidados médicos posibles y la mejor cobertura de oración que sabían dar, el Señor vio que podría recibir mayor gloria con la muerte de este hombre, que con su vida. El hombre dejó atrás una esposa y tres hijas.

¿Cómo respondió su esposa? ¿Ella dijo con enojo, «Señor, aquí estamos, dando nuestras vidas completas a usted, sacrificando todo para alcanzar a esta hermosa gente, y ahora nos responde así? ¿De qué lado está?» No. En su profundo dolor, se consideró a sí misma una mujer privilegiada y dijo, «Alguien debe ir y mostrar a esas hermosas mujeres turcas como criar hijos siendo viuda, y Dios me está llamando para hacerlo».

¡Ahora mismo en Turquía, hay una viuda con sus hijas, irradiando la gloria de Dios día tras día, simplemente debido a la actitud y la perspectiva de una cristiana «perro»!

Pero la gloria de Dios se puede perder, y muchas veces así es. Hay tanta gloria que no se está irradiando consciente y alegremente de regreso a Dios, que está siendo robada a Él. Todo porque los «gatos» piensan que la vida es sobre nosotros. Suponemos que la vida debe ser segura, suave, fácil y cómoda. Como resultado, cuando algo difícil viene a nuestras vidas, gritamos: «¡Dios, eso no es justo!» Necesitamos aprender y recordar que la vida nunca fue diseñada para ser justa. Fue diseñada con una serie de oportunidades para reflejar e irradiar la gloria de Dios.

Tenemos la opción de cómo responder a cada situación de la vida. Podemos discutir con el destino, maldecir a Dios, gritar cuán injusto es, y desear que nunca hubiera pasado (robándole la gloria a Dios); o podemos abandonarnos en las manos de Dios y buscar Su gloria a pesar de lo malo que pueda ocurrir a nuestro alrededor.

Cuando llueve, el granjero y el habitante de la ciudad responden diferente. El granjero agradece a Dios por la lluvia que necesita para sus cosechas y el citadino la maldice por interferir con sus planes. La actitud y la perspectiva determinan si la lluvia es una bendición o una maldición.

De la misma manera los «gatos» y los «perros» pueden tener una perspectiva diferente en los acontecimientos de la vida. Los perros han encontrado que muchos acontecimientos que se ven como maldiciones, son meramente bendiciones disfrazadas. Hay el potencial de darle la gloria a Dios en cada circunstancia. El reconocimiento de esto, es el cumplimiento de su propósito en la vida que puede traerle gran satisfacción, mientras que ignorarlo puede llenarlo de gran frustración. Nuestra oración es que: ¡no le robe la gloria a Dios!

13
QUÉ IMPIDE QUE LOS «GATOS» CREZCAN

Uno de los fuertes de mi esposa (la de Bob) es la hospitalidad. A Debby le encanta hospedar gente en nuestra casa y siempre le gusta hacerles sentirse especiales. No sólo lo hace con gente que visita nuestra casa sino también con nuestros vecinos. Cuando hay vecinos nuevos, pronto encuentran un plato de galletas hechas en casa, o una torta recién horneada a su puerta. Para Debby, es una forma divertida de mostrar la gloria de Dios a otros, por no mencionar que es la «etiqueta apropiada».

Las reglas de etiqueta nos ayudan a tratar a otros con respeto y nos dan las pautas cuando deseamos hacer sentir a otros que son bienvenidos o darles las gracias. Por lo tanto Debby demuestra etiqueta cuando está horneando una torta para la familia, porque quiere hacer eso por ellos, no porque sienta que tiene que hacerlo.

Pero algunas veces, sin saberlo, la «etiqueta apropiada» evita que muchos «gatos» experimenten la más completa vida cristiana que puedan tener. ¿Por qué? Bueno, por ejemplo, cuando la gente lo invita a cenar, la cosa, más cortés, que usted puede hacer es darles las gracias e invitarlos después a cenar. Esta forma de etiqueta —dar las gracias y regresar el favor— resume cómo viven los «gatos» su cristianismo. Al pensar en esos términos, un «gato» básicamente estaría diciendo: «Ya que Cristo murió en la cruz por mi (Él hizo algo bueno por mi), debo agradecerle y por lo menos vivir para Él. (Debo regresar el favor).» Un gato pregunta: «¿No es el vivir para Cristo con un corazón agradecido, de lo que trata la vida?»

Los gatos saben que nunca podrán pagarle el favor a Dios, así que tratan de pagar de la forma que pueden. De allí, viene el que traten de vivir la vida cristiana lo mejor que pueden por sí mismos. Por este motivo, los «gatos» no crecen a su capacidad máxima. No pueden. ¿Por qué? Porque su crecimiento se atrofia. Regresar el favor, quita el poder de vivir la vida cristiana.

Oraciones tipo «Ayúdame»

Cuando yo (Bob) estaba en la universidad, solía escribir en máquina mis oraciones. Muchas oraciones eran así:

> Señor, ayúdame a ser santo.
> Señor, ayúdame a amarte más.
> Señor, ayúdame a ser valiente para compartir mi fe.
> Señor, ayúdame a ser más como Tú. (Y así seguían...)

Un día al estar orando, sentí que el Señor me decía, «Bob, ¿qué me estás pidiendo que haga?»

Contesté, «Señor, ¿qué quieres decir? Estoy pidiendo Tu ayuda. No puedo hacer esto por mí mismo».

«Sí», Su Espíritu me dio un suave codazo, «pero, ¿qué significa eso?»

«No comprendo, Dios», Dije. «Necesito Tu ayuda. No puedo hacerlo sin Ti».

«Pero, ¿qué significa eso?» Dijo Él de nuevo.

¡Y luego algo me golpeó como una tonelada de ladrillos! Le había estado pidiendo a *Dios* que *me* ayudara. Había estado tratando de regresar el favor de la vida eterna viviendo para Dios en mi propio poder y fuerza. Nunca le había puesto un porcentaje a esto, pero, digamos que estaba tratando de vivir el 70 por ciento en el poder de la carne (como lo llama la Biblia) y le estaba pidiendo a Dios que pusiera el otro 30 por ciento.

Y de alguna manera (aunque nunca lo habría dicho) pensé que cuando fuera a las «olimpiadas celestiales» y se estuvieran entregando las medallas, recibiría la de oro (después de todo había hecho el 70 por ciento del trabajo) y Cristo estaría a mi lado con la medalla de plata (Él me había ayudado a hacer el 30 por ciento adicional del trabajo). Y le iba a decir, «Gracias, Jesús, no lo podría haber hecho sin ti».

Poco sabía que estaba viviendo como un gato y que estaba limitando mi crecimiento espiritual. En Juan 15:5 Jesús dice: «Yo soy la vid; vosotros los pámpanos. El que permanece en mí, y yo en él, éste lleva mucho fruto; porque separados de mí *nada* podéis hacer» (énfasis añadido). Realmente nunca entendí lo que significaba ese «nada», especialmente desde que podemos llevar el hombre a la luna, desde que podemos crear computadoras que clasifican toneladas de información en nanosegundos, desde que podemos salvar bebés prematuros —hay toneladas de cosas que los seres humanos pueden hacer sin darle a Dios el reconocimiento.

Pero caí en cuenta de lo que significaba para mí «el concepto eternal de nada.» Tratando de vivir el 70 por ciento de la vida cristiana por mí mismo estaba limitando a Dios solamente con el 30 por ciento de crecimiento en mi vida. Él deseaba que yo creciera más, pero, como un gato, no creía en que Él pudiera darme el crecimiento. Pensé que tenía que luchar por mí mismo. Por lo tanto, no había crecimiento en el 70 por ciento del potencial espiritual de mi vida.

Cuando me di cuenta de esto, un versículo de la Biblia saltó ante mí y cambió mi vida. Dice así: «Os daré corazón nuevo, y pondré espíritu nuevo dentro de vosotros; y quitaré de vuestra carne el corazón de piedra, y os daré un corazón de carne. Y pondré dentro de vosotros mi Espíritu, y *haré* que andéis en mis estatutos, y guardéis mis preceptos, y los pongáis por obra» (Ezequiel 36:26, énfasis añadido).

Oraciones «Yo haré»

¡Dios quiere *hacernos* caminar con Él! Cuando me di cuenta de lo que ese versículo significaba, una carga enorme fue quitada de mis hombros. Ya no estaba más sobre mis hombros la carga pesada de vivir la vida cristiana. Estaba en Dios. Él era el responsable de hacerme vivir una vida que le agradara. ¡Y como Él proveyó, él recibiría la gloria, haciéndose más famoso ante nuestros ojos! Después de eso, cambié mis oraciones. Ahora son así:

> Señor, hazme santo.
> Señor, hazme amarte más.
> Señor, hazme valiente para compartir mi fe.
> Señor, hazme más como Tú. (Y sigue y sigue...)

«Entonces, ¿no debemos hacer nada y dejárselo todo a Dios?» Preguntan los «gatos». Los «perros» saben que el equilibrio entre nuestro esfuerzo y el esfuerzo de Dios se encuentra en Colosenses 1:29. Que dice: «Por lo cual también trabajo, luchando según la potencia de Él, la cual actúa poderosamente en mí».

La frase «también trabajo» se refiere a nosotros poniéndonos en movimiento. Finalmente he aprendido eso, sí necesito tener momentos devocionales; sí necesito meditar en la Palabra de Dios; pero a menos que Dios me encuentre allí, nada va a suceder. Y si no estoy en ese movimiento, entonces Dios no tiene la oportunidad de hacer que el crecimiento tome lugar.

Los «perros» saben que el crecimiento en la vida cristiana viene al tomar pasos que den oportunidad a Dios de hacer cambio s en nuestras vidas . S i no le damos a Él esas oportunidades, nada va a pasar.

La frase «su potencia» se refiere a Dios dándonos poder durante ese tiempo. Esto pasa cuando hacemos oraciones como: «Señor, voy a salir a compartir mi fe hoy, pero a menos que Tú hables a través de mí y toques el corazón de la gente, nada va a suceder», o «Señor, voy a tener mi tiempo devocional, pero a menos que Tú me encuentres allí, será como trigo seco y destrozado». Los perros saben que estamos en movimiento, y que Dios trae el cien por ciento del crecimiento y recibe toda la gloria. ¡Esto agrada a un Dios santo y celoso!

Si no estamos en movimiento, entonces Dios no tiene oportunidad de causar nuestro crecimiento.

Crecimiento en todas las áreas de la vida

Encontré que esto se aplica en cada área de la vida, incluso en lo más básico. Por años he tratado de «enamorarme de Dios» sin saber qué hacer realmente. Pero Dios incluso quiso trabajar en esa área de mi vida. Deuteronomio 30:6 dice: «Y circuncidará Jehová tu Dios tu corazón, y el corazón de tu descendencia, para que ames a Jehová tu Dios con todo tu corazón y con toda tu alma, a fin de que vivas». Dios quiere circuncidar nuestros corazones para amarlo. Él hace que lo amemos. Incluso en las áreas básicas de la vida cristiana, ¡los perros saben que uno de los primeros pasos es invitar a Dios para que nos haga amarlo!

Esto también se aplica en el matrimonio. Debby es una mujer muy hermosa —esa es una de las razones por las que me casé con ella. Hice esto en parte (me di cuenta tiempo después) porque tenía una imagen pobre de mí mismo. Quería que otros hombres me miraran junto a ella y dijeran: «¡Caramba, tiene una mujer hermosa!» Pero ese amor adolescente desapareció al continuar nuestro matrimonio. Como cualquier pareja, nuestro matrimonio pasó de la etapa de la luna de miel a la etapa de la realidad, y comencé a luchar para amarla como debo.

Y entonces volví a aprender la lección. Había estado intentando amar a mi esposa con mi poder y mis fuerzas. Me arrepentí y empecé a orar: «Señor, hazme amar a mi esposa de la manera que debo». Hoy tenemos un matrimonio sano, y todo el crédito y la gloria son para Dios.

Este principio se aplica no solamente a las áreas grandes de la vida (amar a Dios, amar a su cónyuge, etc.) sino también a las áreas pequeñas. Ese es otro punto donde los «gatos» impiden su crecimiento. Esto pasa en actividades que hacen los gatos comúnmente, cuando «han estado allí y se han puesto la camiseta». Entonces comienzan a confiar en su propio poder en estas pequeñas áreas.

Los «gatos» empiezan a pensar en cosas como: «He manejado a mi trabajo miles de veces; no necesito la ayuda de Dios». «He viajado por todo el mundo; sé que nada le va a pasar al avión». «He enseñado estas lecciones en la escuela dominical muchas veces; todo ha salido bien». «He tenido este problema antes; sé cómo resolverlo». «Sé cómo hacer mi trabajo; no necesito orar por eso».

Las cosas que hemos hecho miles de veces pueden hacernos confiar en nuestras fuerzas y no confiar en el poder y la fuerza del Señor. Y cuando hacemos eso, estamos trabajando en el poder de la carne. Eso no le agrada a un Dios santo y celoso. Lo que le agrada, y por lo que los «perros» oran es: «Señor, He hablado esto miles de veces. Tú me has demostrado que te agrada usarme, pero sigo dependiendo cien por ciento de Ti para que hables a través de mí y cambies las vidas». «Dios, te pido que Tu poder esté hoy conmigo, al lavar la ropa, al conducir un taxi, al ir de compras, al hacer la comida y al lavar los trastos». «Dios, te necesito en la oficina. Sé que puedo hacer todo con mi poder y mis fuerzas, pero no quiero, porque no deseo vivir mi vida en el poder de la carne».

Los «perros» saben que cuando Dios te invita a cenar, sólo hay una respuesta: «Gracias, Dios. Eres muy amable. ¿Podrías invitarme también a desayunar?» Y luego cuando él lo invita a desayunar, usted dice: «Señor, gracias de nuevo. ¿Podrías invitarme a comer?» Y después de Su fiel provisión, usted pregunta: «¿Señor, podrías invitarme a cenar?»

¡En general, no le daríamos la bienvenida a este tipo de comportamiento! Pero con Dios, nunca es así. ¿Por qué? Porque cuant o más acudimo s a Dios , ma yo r glori a recib e Él proveyéndonos día tras día. Dios quiere que usted lleve cada aspecto de su vida delante de Él y que confíe que en el futuro Él le dará poder.

Ahora me doy cuenta que cuando vaya a las olimpiadas celestiales, no recibiré ninguna medalla. Jesús recibirá la medalla de oro por el cien por ciento del trabajo, y yo ni siquiera estaré en el pódium. ¡Toda la gloria es para Dios!

14

ETERNIDAD, MENOS 70...

Un domingo yo (Gerald) usé a mi mejor amigo, Ken y un par de *walkie-talkies*, y una cuerda muy larga para ayudar a la congregación a comprender la longitud de la eternidad. Le pedí a Ken que tomara uno de los radios y la cuerda y comenzara a caminar a través del auditorio. No pasó mucho para que Ken no solamente pasara la última fila de asientos sino que llegara al vestíbulo. Él miró hacia atrás y me preguntó «¿Qué tan lejos quiere que vaya?» y contesté, «Siga caminando hasta que se termine la cuerda, y después llámeme por radio». Unos momentos después el radio sonó y Ken dijo, «Estoy en el estacionamiento y tengo el extremo de la cuerda en mi mano. ¿Y ahora qué?» Preguntó, le dije: «Tome dos carretes de cuerda de mi carro, ate los extremos, y siga caminando». Al continuar el servicio en la iglesia, un poco más tarde sonó de nuevo el radio. Esta vez Ken dijo que estaba en la calle. Le dije que se dirigiera hacia la intersección principal que estaba a una cuadra y que me llamara cuando estuviera allí. El servicio continuó hasta que fui interrumpido de nuevo por Ken anunciando que estaba en la intersección y que tenía suficiente cuerda para cruzar el camino. Le dije que siguiera.

En realidad, esta era una parábola viva, porque Ken seguía parado en el vestíbulo de la iglesia, pero cada uno en la iglesia tenía un cuadro mental vivo de él, parado en la ocupada intersección que yo le había indicado. Momentos después, otra llamada. Ken nos dijo que todavía tenía un montón de cuerda y que estaba en un local de comida rápida ordenando una soda por la ventanilla. Todos sonrieron reconociendo: «¡Ése es Ken!»

Después, tome mi extremo de la cuerda e hice un nudo como de dieciocho centímetros del extremo y le dije a la congregación que el palmo de los dieciocho centímetros de cuerda representaban nuestros 70 años de vida en el planeta tierra. El resto de la cuerda representaba la eternidad. Eso dio una espléndida ilustración de la insensatez de planear su vida únicamente para los 70 años, cuando la eternidad es indescriptiblemente larga. ¡Ésta también es una gran ilustración de cómo planean los «gatos» su vida y su relación con Dios!

Los «gatos» ponen la mayoría de su atención y planeación en acopiar para ellos mismos, todos los ingredientes que piensan necesarios para esta vida —estos 70 años en la tierra— como: seguridad, suavidad, facilidad y comodidad, tanto como sea posible. ¡Obviamente, también ponen atención a la eternidad, pero sólo para estar seguros de que irán allí! Como lo mencionamos antes, los «gatos» han usado a Jesús como su «seguro contra incendios» para el infierno y su «pase gratis» para el cielo, pero han tomado muy poco tiempo para prepararse para su futura relación con Dios allá.

Por otro lado, están planeando para el l-a-r-g-o viaje de la eternidad. Ellos saben que 70 años aquí en la tierra no son nada comparados con la eternidad. Al estudiar la comparación, se dan cuenta, «¡La vida para la cual fui creado realmente comienza después de que muera!»

Para un cristiano «perro», la vida aquí en esta tierra es como el entrenamiento para un equipo deportivo en pre-temporada. Entrenar es como llegar a conocer a Cristo. Una vez que están en el equipo (tienen una relación personal con Cristo), la pre-temporada comienza y este es el proceso de crecimiento y madurez de un creyente. Cuando muere, comienza la temporada real y finalmente llegan al lugar para el que fueron creados verdaderamente — ¡la eternidad!

¿Para qué fueron creados? Para ser la novia de Cristo (Efesios 5:32 y Apocalipsis 19:7) y para gobernar y reinar sobre los ángeles (1 Corintios 6:3). ¡Aunque los «perros» no tienen la menor idea de lo que esto significa específicamente, lo toman en serio y saben que debe significar algo y algo muy importante! Por lo tanto deben prepararse para ello.

Así es que toman muy seriamente los versículos que dicen: «mis días son como sombra que se va» (Salmos 102:11), «mis días son como la sombra que pasa» (Salmos 144:4), y «nuestros días son como la hierba» (Salmos 103:15). Y viven como la Escritura lo dice, como «extranjeros y peregrinos» (1 Pedro 2:11) durante los juegos de «pre-temporada», sabiendo que todo lo que aprendan aquí en la tierra les ayudará para cuando ¡la verdadera vida comience!

Es muy importante que aprendamos la historia que Jesús contó sobre el joven rico. ¿Recuerda usted la historia? Un joven rico fue con Jesús y le preguntó qué podría hacer para obtener la vida eterna. Jesús le dijo que vendiera todo lo que tenía y que lo siguiera. El precio a pagar para este joven era muy alto —y no estaba dispuesto a dejar la seguridad, suavidad, facilidad y comodidad de su vida, como pago por aquello para lo que fue realmente creado... Se fue de allí lleno de dolor. ¡Qué triste! Él estaba tan entregado a los 70 años de vida terrenal, que no pudo ver la magnitud del *para siempre* ni el plan eterno para él. Encontró su consuelo en las cosas de aquí y el ahora, en lugar de en Dios y en el después en la eternidad.

En términos de los mártires modernos, se destaca Jim Elliot y sus escritos han servido como palabras de sabiduría para nosotros. Jim fue asesinado por los indios Auca, a los que fue a servir, pero antes de morir, compartió algunas de sus visiones y palabras de eternidad. Una de sus más famosas citas dice: «Dios no es tan tonto que da lo que no puede guardar, para ganar lo que no puede perder».

Jim Elliot estaba buscando la eternidad, y sabía que no podía perderla. Él vio todo aquí en la tierra como algo que no podía guardar. Miró adelante, hacia el día que no se separaría de su Maestro. A él no le importó renunciar a «la buena vida», las cosas de la vida, o incluso la vida en sí misma, si eso significaba estar dispuesto a compartir el corazón de Dios.

Esto es lo que Pablo escribió en el Nuevo Testamento. Él dijo que se sentía presionado entre permanecer en este mundo o partir y estar con Cristo (Filipenses 1:21-24). La única razón por la que él estaba dispuesto a quedarse aquí es porque era provechoso para aquellos a quienes él ministraba. ¡Su deseo verdadero era sentarse con Cristo, verlo como Él es, y gozar de Su compañerismo!

En simples términos, los «perros» viven para la eternidad. Los «gatos» viven para los 70 años aquí en la tierra.

Vayamos al archivo que dice ¡no hay nada de malo en prepararse para la vida en este mundo o en disfrutarla! Dios *le* ama, y el regalo de la vida es un tesoro para ser disfrutado. Las cosas de esta vida son a menudo el fruto de nuestro trabajo y la recompensa del trabajo duro. La palabra de Dios incluso nos dice que la disfrutemos (1 Timoteo 6:17), no debe ser negada. Pero su valor a nuestros ojos nunca se comparará al valor de nuestro premio en el Señor.

Esto es lo que Dios nos está diciendo en Lucas 14:26. Debemos odiar a nuestro padre, madre, esposa, hijos, hermanos, y hermanas, incluso nuestra propia vida si queremos ser discípulos de Cristo. Cristo no está hablando de odiar literalmente a estas personas. Más bien está diciendo, «su amor por mí debe ser tan fuerte, que su amor por otros pueda *verse* como odio». Aquí es donde fallan muchos «gatos». Ellos disfrutan de la gente y de los regalos de Dios más que de Dios mismo.

Puesto que su amor por Dios no es más fuerte que su amor por otros, los «gatos» no le creen a Dios cuando dice: «No os hagáis tesoros en la tierra, donde la polilla y el orín corrompen, ...sino haceos tesoros en el cielo» (Mateo 6:19-20). Los «gatos» son tan miopes, que no pueden aplazar su placer. Para ellos, ¡la vida es la estación y el cielo es el segundo mejor —lugar!

Una muestra de madurez es el estar dispuesto a aplazar la satisfacción. La inmadurez de un «gato» necesita la inmediata satisfacción. Jesús dijo que iba a preparar un lugar para nosotros «si así no fuera, yo os lo hubiera dicho» (Juan 14:2). En otras palabras, esto es realmente verdadero. Pero, los «gatos» siguen miopes e impacientes. Ellos exigen sus tesoros ahora, a expensas de aquellos que habrán de venir.

Dios piensa en términos de la eternidad cuando habla y cuando hace promesas. En el libro de Job, Dios prometió duplicar las posesiones de Job. Él duplicó la cantidad de las posesiones, pero en cuanto a los hijos de Job, Él solo le dio la misma cantidad de hijos que Job tenía al principio. ¿Mintió Dios? ¡Claro que no! Dios estaba mirando a la eternidad. En la eternidad, Job tendrá los hijos que había perdido, más aquellos que se le dieron después duplicando así la cantidad. Si Dios habla y piensa en términos de la eternidad, no solamente el corto tiempo de vida que pasamos aquí en la tierra, entonces tiene sentido que nos adaptemos a la misma perspectiva.

Por favor no se equivoque, ¡la vida es un regalo y debe ser disfrutada! Recuerde, la teología del gato no es incorrecta, sólo está incompleta. Cuando «vivimos para los 70» en lugar de los 70 años de vida aquí y de la eternidad que se encuentra más allá, nos engañamos a nosotros mismos sobre el mayor regalo y las mayores recompensas. Sin la preparación y el deseo del porvenir, ciertamente habremos malgastado los 70 años que Dios nos ha dado.

Eternidad, menos los 70 años de esta vida, es un largo, muy largo tiempo para el cual no solamente necesitamos prepararnos, sino anhelarlo. La vida no es sobre los 70 años de vida o más aquí en esta tierra. ¡La vida comienza después de que muramos! Necesitamos prepararnos para esa vida que durará eternamente.

Cuando un soldado va al ejército, ocurre una cosa interesante. Lo cambian completamente. Hacen cortar su pelo, le dan un cambio de ropa, y acaban con él física y emocionalmente, para prepararlo como reservista. ¡En unos meses habrá un nuevo hombre definitivamente!

De forma similar, esto es lo que hemos estado tratando de hacer con este libro. Lo hemos dicho constantemente,

«No es sobre usted, no es sobre usted, no es sobre usted» con la esperanza de acabar con usted emocionalmente al punto que esté dispuesto a enfocarse en Dios y en Su gloria. Y ahora que usted comprende esto, queremos decirle algo nuevo: ¡todo es sobre usted! ¿Qué? ¿Todo es sobre nosotros? ¿Cómo puede ser eso?

En el próximo capítulo, queremos que usted vea que la mejor manera en que usted puede glorificar a Dios personalmente ¡es deleitándose en Él y solamente en Él! Y al hacer eso, ¡encontrará su más grande gozo. ¡El vivir apasionado por la gloria de Dios y buscar su más grande felicidad, no son mutuamente excluyentes!

En el capítulo 15, quisiéramos que usted aprenda cómo ver la vida de una manera totalmente diferente: como un gran servicio de adoración al Rey. Hemos enseñado este material a millares de creyentes y constantemente hemos recibido reportes de vidas cambiadas. También nuestras vidas han sido cambiadas. Al leer esto, esperamos que también usted se parezca más a un cristiano «perro».

En el último capítulo, esperamos que haga la transición de glorificar a Dios individualmente a través de su deleite personal en Él, a darle la mayor gloria posible a Él, como parte de la raza humana. ¡El ultimo hecho es solamente unidireccional: redimiendo a gente de cada lengua, tribu, y nación!

¡La gloria global adquirirá una completa y nueva perspectiva al usted comenzar a enamorarse de Dios en una manera fresca y buscar llevar Su gloria a las naciones! ¡Usted descubrirá que los «perros» verdaderos son los cristianos del mundo!

¡Recuerde No Incorrecta, Sólo Incompleta!

Hasta aquí hemos dicho que la Teología del Gato no es incorrecta, sólo incompleta. Nos gustaría gráficamente mostrar esto en este punto:

¿Recuerda cuando dijimos que Cristo murió para la gloria de su Padre? Si nosotros hacemos a Jesús Dios (y Él ciertamente lo es) y tratamos de diagramarlo, sería algo como esto:

Pero en la Teología del Gato, dejamos de lado la parte de la gloria de Dios y nos enfocamos sólo en la gente y entonces luciría como esto:

Eso no es incorrecto , simplemente incompleto. Hemos violado Deuteronomio 4:2 que dice: "No añadiréis a la palabra que yo os mando, ni disminuiréis de ella, para que guardéis los mandamientos de Jehová vuestro Dios que yo os ordene". Esto es sustraer de la ley de Dios y es la razón por la que tenemos los peligros que tenemos: Pero, ¿puede la Teología del Gato alguna vez moverse de incompleta a incorrecta? La respuesta es "sí". Si usted se "sobresatura" de ella, su teología cristiana será errónea. ¿Cuándo ocurre esto? Cuando la humanidad reemplaza a Dios en el trono, la gloria de Dios es olvidada, y pensamos que Dios está a los pies del hombre, listo allí para servirle.

Clarifiquemos esto. Dios nunca abandona Su trono, pero ésta es la manera como la humanidad interpreta "las Buenas nuevas". Graficando esto sería algo así:

Cuando esto ocurre, la teología del gato se mueve de ser simplemente "incompleta" hacia "incorrecta". Entonces como hemos visto, se vuelve peligrosamente errónea.

15

¡ES TODO SOBRE USTED!

Su nombre era Jennifer. Era joven, trabajadora, y casada con un hombre maravilloso. Como toda novia joven, tenía muchos planes —su casa propia con una cerca de rejas blancas, bonitos carros, y hermosos muebles. Era el gran sueño americano. La vida iba muy bien. Pero después de algunos años, todo en la vida de Jennifer comenzó a cambiar. Ella y su esposo se empezaron a distanciar, sin darse cuenta. Y entonces su más grande temor se hizo realidad: apareció otra mujer. Su esposo adulteró. Jennifer estaba emocionalmente devastada y pronto se divorció. Todos sus sueños se desvanecieron.

Con todo esto, Jennifer empezó a buscar a Dios. Tuvo que hacerlo. No tenía más a donde ir. Se dio cuenta de que no tenía nada, y como resultado empezó a clamar a Dios por una relación personal con Él. También empezó a tener hambre de la Palabra de Dios como nunca antes. A través de la dura prueba, Jennifer se convirtió en una cristiana fuerte. Hoy trabaja tiempo completo, sirviendo al Señor en el equipo Fronteras, una agencia misionera que trabaja plantando iglesias a través del mundo musulmán.

Larry Crabb en su excelent e libro *Sueños Rotos* básicamente nos dice que Dios está en el negocio de romper nuestros sueños.[16] Los «gatos» no pueden entender esto, porque piensan: «Dios no rompe nuestros sueños; ¡Él nos ama!» Pero los «perros» lo comprenden. Los «perros» saben que Dios quiere romper cada sueño que tenemos que no es de Él. Dios quiere que tengamos lo mejor, y lo mejor es Él mismo. Cualquier cosa diferente de eso está colocada en un segundo mejor lugar, y Cristo no murió para darnos lo mejor del segundo lugar. Por lo tanto, Él hace (o permite) lo que sea para que dejemos nuestros sueños inferiores y empecemos a buscarlo a Él como nuestra única fuente de gozo. Esto es lo que Dios permitió que pasara en la vida de Jennifer. ¡El gran sueño americano fue remplazado por un hambre interminable de Él!

En la *Teología de Perros y Gatos*, le hemos estado diciendo constantemente, «No se trata de usted». ¿Qué quisimos decir con eso? Simplemente, que no se trata de que usted encuentre el significado y propósito de su vida en las cosas, con excepción de Dios y Su gloria. Ahora que usted comprende esto, queremos decirle que, «¡Se trata de usted!» Se trata de que usted sea el más feliz en Dios y solamente en Él.

Nadie comunica mejor esto que John Piper. Escribir un capítulo que tan adecuadamente describa esto tan bien como él lo hace, es desafiante, especialmente desde que su libro *Anhelando a Dios,* lo expresa en una forma tan excelente.17 En este capítulo, usted encontrará mucho de la Escritura y de Sus principios, que él usa. Le animamos a que lea *Anhelando a Dios*, si no lo ha hecho; para comprenderlo, léalo (dos, tres, y cuatro veces), ¡y permítale a Dios que lo use para cambiar su vida!

En ningún lugar de la Biblia dice que Dios no quiere que usted sea feliz. Los «gatos» pudieran pensar que esto es lo que está tratando de decir la *Teología de Perros y Gatos*, pero no es así. De hecho, la Biblia (y este libro) dicen lo contrario. Jesús vino para darnos vida en abundancia (Juan 10:10). Pero esta vida abundante no se encuentra en las cosas; ¡se descubre en Dios mismo! Al deleitarnos en Él, experimentaremos la felicidad y alegría más grandes disponibles en esta vida.

Sí, la Biblia habla de morir a sí mismo, pero esto es diferente a encontrar su gozo en Dios solamente. Mire los siguientes versículos.

> Porque todo el que quiera salvar su vida, la perderá; y todo el que pierda su vida por causa de mí, *la hallará*. (Mateo 16:25, énfasis agregado)

> Y cualquiera que haya dejado casas, o hermanos, o hermanas, o padre, o madre, o mujer, o hijos, o tierras,

> por mi nombre, *recibirá cien veces más*, y heredará la vida eterna. (Mateo 19:29, énfasis agregado)
>
> Y decía a todos: «Si alguno quiere venir en pos de mí, niéguese a sí mismo, tome su cruz cada día y sígame. Porque todo el que quiera salvar su vida, la perderá; y todo el que pierda su vida por causa de mí, éste *la salvará*» (Lucas 9:23–24, énfasis agregado).

Si perdemos nuestra vida por el nombre de Cristo (para Su gloria), ¡la hallaremos! En Lucas 9:24, la palabra original en griego se traduce como «salvar». Cuando usted va a un diccionario griego, esa palabra se traduce «para salvar, entregar, proteger —sanar, preservar, salvar (uno mismo), hacer bien, ser (hechos) completos».18 ¡Cuando estamos salvando nuestras vidas, las estamos haciendo completas, preservándolas, y protegiéndolas! Está en sincronía con Mateo 16:25. «¡La hallaremos!» ¡La vida fue hecha para encontrarse! Básicamente Dios está diciendo: «quiero que muera para que encuentre su gozo en todo *pero* sobre todo en Mí».

Cisternas Rotas

Desafortunadamente, la mayoría de los «gatos» cristianos están haciendo lo contrario. Se están deleitando en todo, excepto en Dios, y clamando por tener una vida cristiana abundante. Esto es lo que tratamos de señalar en los primeros dos tercios de este libro. Dios habla directamente sobre este problema en Jeremías. Veámoslo juntos. Él dice: «Porque dos males ha hecho mi pueblo: Me dejaron a mí, fuente de agua viva, y cavaron para sí cisternas, cisternas rotas que no retienen agua» (Jeremías 2:13).

Aquí Dios está usando una cisterna como una herramienta de enseñanza. El *Diccionario* define cisterna como «un receptáculo para guardar agua u otro líquido, un tanque para recoger y almacenar el agua de lluvia». Porque el agua era siempre una necesidad (y muchas veces una escasez en tiempos del Antiguo Testamento), mucha gente cavaba pozos en la tierra para recoger el agua de lluvia. Los pozos se llenaban durante esa temporada después la gente la usaba para beber y cocinar. El pozo al que José fue lanzado probablemente era una cisterna seca (Génesis 37:24). (Observe que la cisterna era diferente de una fuente. Una fuente tiene agua fluyendo continuamente. No necesita suministro de agua, en cambio la cisterna tiene que ser llenada constantemente).

Dios le dice a Su pueblo a través de Su profeta Jeremías que habían cometido dos pecados. El primero fue que rechazaron la fuente de agua viva —a Dios mismo. Esto es lo que los «gatos» han hecho hoy. Esto es de lo que trata la Teología del gato y el porqué se escribió este libro. Los «gatos» han rechazado el primer amor de Cristo y se han colocado a sí mismos o a otros en el trono. El segundo pecado es que habían cavado cisternas para ellos mismos, ¡cisternas rotas! Veamos estas cisternas rotas.

¿Qué clase de cisternas cavan los «gatos»? Bueno, la respuesta a esa pregunta se encuentra haciendo otra pregunta.

¿Qué deleita a un gato? Cuando usted localiza, en dónde halla gozo un gato, ¡encontrará allí una cisterna! Los «gatos» encuentran gozo lejos de Dios. Aunque sigan yendo a la iglesia y tengan sus devocionales, su gozo no está allí. Realizar esas actividades cristianas, es más un deber para ellos que un deleite.

El gozo de los «gatos» proviene de otras fuentes. ¿Qué tipo de fuentes?

Para los hombres, puede haber mucho gozo en los deportes. Ya sea que estén viendo a su equipo favorito de fútbol, que estén sentados mirando la serie mundial, o que vayan a jugar golf o a pescar, muchos hombres encuentran mayor gozo en los deportes que el que encuentran en el Señor. ¿Hay algo de malo en emocionarse al pensar en ir a pescar o mirar un juego? No. Pero cuando usted está esperando con más impaciencia el próximo paseo para ir a pescar o mirar un partido, que pasar tiempo con Dios, usted ha cruzado de alguna manera esa línea. Dios no es su primer amor. Lo es el deporte. Para otros hombres, pueden ser los carros, botes, o casas. Entre más cosas tengan, se sentirán más como «verdaderos hombres», y estarán más satisfechos.

Para las mujeres, puede ser la ropa o las amistades. Pueden encontrar gozo en sus hijos o en la decoración de su casa. Para los jóvenes, pueden ser los deportes, el cine, el internet, el chat, o personas del sexo opuesto. Todas estas cosas pueden darles más gozo que el que pueden encontrar en Dios.

Los hombres y mujeres pueden encontrar demasiado gozo en sus trabajos o profesiones. Mucha gente deja gran parte de sus vidas en sus profesiones, porque allí es donde su imagen sufre muchos golpes. (Quieren esos golpes, porque saben que muy en el fondo, se trata de ellos). Pasan dieciséis, diecisiete, hasta dieciocho horas al día en sus trabajos. ¡Para ellos eso es vivir!

Pero Dios ve todas estas actividades y declara, que los que las buscan como su prioridad, están cavando sus propias cisternas. Las cavan con la esperanza de encontrar el gozo, pero están rotas, gotean. Pero... ¿cómo gotean?

Cuando yo estaba estudiando en la universidad (Bob) vivía más enfocado en la *Cruzada Estudiantil* que en mis estudios. Desafortunadamente, aprendí muy pocas cosas allí. (¡Pero muchas vidas fueron cambiadas!) Una de las cosas que aprendí, fue sobre la «enfermedad IFD». La «I» es por idealización. Uno de los síntomas es que prevemos cuánta alegría nos traería un carro nuevo, un estéreo nuevo, o una casa nueva. Y una vez que los tenemos, no es lo que pensamos que sería. El carro era fantástico la primera semana, pero después perdió su atractivo. El estéreo estuvo muy bien el primer mes, pero después no lo escuchamos tanto como pensábamos que lo haríamos. La casa era ideal, pero después de pocos meses, era como cualquier otra casa. Y después de darnos cuenta de que esas cosas no nos satisfacen, pasamos a la «F» también parte de la enfermedad: frustración. De repente, el agujero vacío que estaba allí antes de que tuviéramos esas cosas regresa de nuevo. Y vamos, después, por más juguetes para llenar ese agujero, pero nos damos cuenta de que tampoco nos satisfacen. Finalmente pasamos al sistema «D»: desmoralización. Estamos de nuevo vacíos, preguntándonos si hay algo, que nos traiga verdadero gozo duradero.

Mi madre (de Gerald) me dejó con una gotita de sabiduría y una sonrisa ahogada que la acompañaban cuando decía: «¡Quiero lo que quiero cuando lo quiero. Cuando tengo lo que quiero, no quiero lo que tengo, así que realmente no quiero lo que quise cuando lo quise!» Poco sabía ella que estaba parafraseando una porción de la Escritura en Proverbios que dice: «El ojo del hombre nunca se sacia». Cuando Dios dice que nuestras cisternas «no pueden retener el agua», a esto es a lo que Él se refiere.

Vamos tras muchas cosas, una vez que las tenemos, no nos satisfacen. Gotean. Y como resultado, necesitamos finalmente una casa más grande, el carro más veloz, o el estéreo más sofisticado, para elevar nuestro nivel de gozo. Estamos buscando constantemente cómo llenar esa cisterna rota. Leemos los anuncios del periódico del domingo, antes de leer la Palabra de Dios; nos emocionan más los artículos en ofertas, que reunirnos con Dios; y estamos tan ocupados buscando esos artículos que tenemos muy poco tiempo para Dios.

Dios sólo recibe el tiempo que nos sobra. Si tenemos tiempo libre, lo exprimiremos en un devocional. Pero reunirnos con Dios (y por lo tanto aprender a deleitarnos en Él) siempre es la segunda prioridad. (Me sorprende cómo algunas personas pueden pasar seis horas en el campo de golf, el sábado, pero no encuentran el tiempo adecuado para reunirse con Dios).

Desafortunadamente, antes de que la frustración tome su lugar, un «gato» se siente satisfecho (piensa que ya tiene una vida abundante en Cristo). Y en ese punto, la vida cristiana de un «gato» es parecida a comer en algún restaurante mexicano.

¿Cómo es eso? Usted se sienta, ordena su comida, y allí vienen la salsa y las tostadas. Así que, usted come salsa y tostadas por un rato, y cuando viene la comida, honestamente ¡usted ya no tiene hambre!

Así es como «se llenan los gatos»: «¿Dos horas de devocional? ¿No es eso, algo extravagante? ¿No es suficiente reunirse con Dios, diez minutos cada tercer día? ¿Una reunión de oración toda la noche? ¿Qué es lo que tiene que orar, que se necesita toda la noche? No puede usted desear tantas cosas, ¡eso es egoísmo!»

Dios no quiere esto para nuestras vidas. Esta es la razón por la cual Él dice: «El que halla su vida, la perderá, y el que pierde su vida por causa de mí, la hallará» (Mateo 10:39). Dios sabe que las cosas de est e mundo no pueden satisfacernos verdaderamente. Esta es la razón por la cual nos dijo que necesitamos morir a nosotros mismos. Él no quiere que busquemos un sueño tras otro y que quedemos frustrados y desmoralizados en el proceso. Esa no es la vida abundante que Él quiere para nosotros.

Fuente de Agua Viva

Contrario a la cisterna rota, Dios dice que Él es como la fuente de agua viva. La belleza de la fuente es que usted nunca tiene que volverla a llenar. ¡Tiene un constante suministro de agua para aquellos que quieran beber! Recuerde, Dios es infinito. Y si Él es infinito, hay una cantidad infinita de Él que podemos conocer y gozar. Nunca llegaremos al punto de pasar tiempo con Dios y decir: «está bien, he estado allí con Él y esto es viejo, es lo mismo de siempre».

En Juan 4, Jesús habló a la mujer en el pozo acerca del agua viva. Ella le preguntó sobre qué estaba hablando. Escuche Su respuesta: «Jesús contestó, 'Cualquiera que bebiere de esta agua, volverá a tener sed; mas el que bebiere del agua que yo le daré, *no tendrá sed jamás*, sino que el agua que yo le daré será en él una *fuente de agua* que salte para vida eterna'» (Juan 4:13–14, énfasis agregado).

Dios quiere que nunca tengamos sed otra vez. Quiere que estemos satisfechos en y sólo en Él, para que no vayamos a buscar la felicidad tras las cosas del mundo. Para que no busquemos relaciones sexuales fuera del matrimonio; para que no codiciemos cosas que nos satisfagan. Estaremos tan contentos de ver a Dios y Su gloria que la vida será abundante en el sentido verdadero. ¡Desearemos reflejarlo a Él y Su gloria por todas partes porque estaremos satisfechos en Él! Y entre más satisfechos estemos solamente en Él, ¡más reflejaremos Su valor y recibirá mayor gloria! El lema del ministerio '*Anhelando a Dios*', de John Piper, es «Dios es mayormente glorificado en nosotros cuando estamos mayormente satisfechos en Él».

Aunque los «gatos» dijeran que desean estar satisfechos en Dios, no tienen la paciencia para hacerlo. Siempre quieren un arreglo rápido, y las cosas de este mundo pueden dárselos. Esos rápidos arreglos están alrededor de ellos, desde el próximo juego de fútbol de fin de semana hasta la nueva película que se exhibe en el cine del centro comercial. Pero buscar la fuente de agua viva, toma su tiempo. Con Dios no hay arreglos rápidos.

Vea Proverbios 2:1–5:

Hijo mío, *si* recibieres mis palabras,
Y mis mandamientos guardares dentro de ti,

haciendo estar atento tu oído a la sabiduría;
si inclinares tu corazón a la prudencia,
si clamares a la inteligencia,
y a la prudencia dieres tu voz,
si como a la plata la buscares,
y la escudriñares como a tesoros,
entonces entenderás el temor de JEHOVA,
y hallarás el conocimiento de Dios.(Énfasis agregado).

¿Observó la cláusula «si/entonces»? La parte «si» es desafiante. Si guardáramos Sus mandamientos (memorizando y meditando la Escritura), si escucháramos la sabiduría e inclináramos nuestro corazón a la prudencia (bajo la enseñanza bíblica con regularidad), si inclináramos nuestro corazón a la prudencia y clamaremos a la inteligencia (planeando nuestro horario dependiendo de nuestro tiempo devocional, no a la inversa, si escudriñáramos la Palabra de Dios como un tesoro escondido (observe qué diferente es de darle a Dios el tiempo que nos sobra), *entonces* encontraremos a Dios.

Los perros comprenden que buscar la fuente de agua viva toma su tiempo y no trae resultados instantáneos. Ellos saben que no es como en FedEx (empresa de mensajería en la que se hacen envíos rápidos toda la noche) cuando se busca a Dios, pero los «gatos» odian esperar.

Esperé yo a Jehová, *esperó* mi *alma*,
en su palabra he esperado.

MI alma espera a Jehová
más que los centinelas a la mañana,
más que los vigilantes a la mañana».
(Salmos 130:5–6, énfasis agregado)

Aguarda a Jehová;
Esfuérzate y aliéntese tu corazón;
Sí, *espera a Jehová*».
(Salmos 27:14, énfasis agregado)

Pacientemente esperé a Jehová».
(Salmos 40:1, énfasis agregado).

También en el camino de tus juicios, oh Jehová,
Te hemos esperado;
tu nombre y tu memoria
son el deseo de nuestra alma».
(Isaías 26:8, énfasis agregado)

Deberíamos buscar a Dios como los piratas buscan un tesoro escondido. No es algo que se hace o sucede en un día. Algunas veces puede tomar la vida entera. Esperar por el Señor, es algo que los «perros» hacen cómodamente. Esta es la razón por la cual los «perros» esperan a UPS —Una Increíble Búsqueda Paciente (las siglas en inglés para esta frase, que a la vez es otra reconocida empresa de entrega de paquetes y correspondencia a domicilio que es un poco diferente de Fedex).

Los «perros» saben que «el alma que espera» expone su alma a Dios. Esto ayuda a mostrar qué tan verdaderamente están hambrientos de Dios. El alma que espera, también muestra el valor de Dios para ella. Si usted espera algo por años, es porque debe ser muy valioso. Pero si se da por vencido después de algunos minutos, no era tan valioso. (Al no esperar en Dios, los «gatos» están comunicando no verbalmente: «Dios, no vale la pena como para esperarlo»). ¡Esta es la razón por la que la Escritura nos manda a deleitarnos en Dios!

Regocijaos en el Señor siempre. Otra vez digo: ¡Regocijaos! (Filipenses 4:4).

Por lo demás, hermanos, ¡gozaos en el Señor!
(Filipenses 3:1).

Gócense y alégrense en ti, todos los que te buscan.
(Salmos 40:16)

Una cosa he demandado a Jehová, ésta buscaré:
que esté yo en la casa de Jehová todos los días de mi vida,
para contemplar la hermosura de Jehová,
y para inquirir en su templo. (Salmos 27:4)

«¿Pero cómo exactamente se regocija usted en el Señor?» -pregunta un «gato». En su libro *Hambre de Dios*, John Piper básicamente dice: «absténgase de cualquier cosa que lo satisfaga más que Dios».19 Para algunos puede significar abstenerse de ir de compras; o abstenerse de ver televisión; para otros puede ser abstenerse del Internet. Cualquier cosa que lo mantenga tan contento que no desee estar con Dios, ¡absténgase de eso! Estamos sinceramente de acuerdo con él. Pero esperamos contestar un poco más la pregunta, en el próximo capítulo.

16

¡LA ADORACIÓN ES VIDA!

Orel Herschiser era un lanzador para el equipo de los Dodgers de Los Ángeles. En 1988 tuvo una temporada increíble. Lanzó un juego sin carreras en agosto, seguido por cinco juegos más sin carreras en la temporada regular y también múltiples entradas, sin carreras. ¡Evitó que sus oponentes anotaran e hicieran una carrera en cincuenta y nueve entradas consecutivas!

En la Liga Nacional de la temporada final contra los Mets de New York, Orel continuó dominando a los bateadores, lanzando más de veinticuatro entradas y otro juego completo sin carreras en la eliminatoria final. En la Serie Mundial contra Oakland, Orel tuvo otra victoria completa en el quinto juego, que cerró la Serie para los Dodgers. Al final de la temporada, Orel fue galardonado con el premio Cy Young y dos premios MVP, uno por la Liga Nacional en los juegos eliminatorios y otro por la Serie Mundial.

Durante uno de los juegos de eliminatoria, las cámaras de televisión hicieron un acercamiento a Orel quien estaba en el cobertizo de espera. Podían ver que estaba cantando suavemente, pero no sabían qué cantaba. Los locutores se preguntaban qué estaba cantando, y comentaron que el resultado de Orel ciertamente le dio un motivo por el cual cantar.

Cuando Orel estuvo en el programa «The Tonight Show» unos días después, el presentador le pidió que cantara la misma canción que estaba cantando aquel día que fue sorprendido por las cámaras de televisión. La audiencia dio su aprobación a esta sugerencia. Así que en televisión nacional, Orel cantó suavemente estas palabras:

Alabad a Dios , de quien fluyen todas las bendiciones;
Alábenlo, todas las criaturas de la tierra;
Alábenlo arriba, todas las huestes de los cielos;
Alaben al Padre, al Hijo, y al Espíritu Santo. Amén.

En medio de un juego de béisbol, Orel había estado cantando alabanzas al Dios de los cielos.[20]

El final del capítulo 1 de Apocalipsis, lo vemos resumido en el capítulo 4:11 que dice: «Señor, digno eres de recibir la honra, y la gloria y el poder, porque Tú creaste todas las cosas, y *por tu voluntad* existen y fueron creadas».

Dios creó todas las cosas por Su voluntad. Eso significa que todas las estrellas están aquí por la voluntad de Dios. Esta tierra está aquí, por la voluntad de Dios, al igual que el sol y la luna. Los árboles y las flores están aquí por la voluntad de Dios. Los pájaros y los insectos están aquí por la voluntad de Dios. Cualquier cosa y todo en lo que usted pueda pensar, están aquí por la voluntad de Dios.

Los «gatos» quieren saber cómo «cualquier cosa» se identifica con ellos (porque toda la vida es sobre ellos). Ellos están preguntando constantemente, «¿Que obtengo yo de eso?» Los «perros» en cambio hacen una pregunta diferente porque saben que todo aquí es para Él. Por lo tanto, preguntan: «¿Que obtiene Dios?» (¿QOD?) Por este motivo, los «perros» están llevando a cabo constantemente servicios de adoración en sus vidas diarias, porque todo lo que hacen, lo relacionan con Dios. Ésta no es la manera en que lo hacen los «gatos».

La adoración del «Gato»

No se equivoque sobre la adoración de los «gatos». Porque es simplemente una *parte* de sus vidas. Ellos adoran solamente durante momentos específicos. Estos momentos, son los domingos en la mañana en la iglesia, durante su meditación personal, o cuando están escuchando la música de adoración. Y en general ¿para qué adoran a Dios? Su adoración está enfocada principalmente en agradecerle a Dios, por lo que ha hecho por *ellos.* (Recuerde, todo es sobre ellos. Es como el cáncer; lo tienen y no se han dado cuenta). Sus canciones favoritas tienen mucho de *mí*, *mío*, y *yo*. Y cuando no están adorando a Dios por lo que ha hecho por ellos, todo lo demás es solo una «vida normal».

Los «perros» también adoran a Dios. Pero cuando están adorando los domingos en la mañana o durante su tiempo de meditación, se enfocan principalmente en quién es Él, no mucho en lo que Él hizo por ellos. Cantos como «Cuán Grande es Él» y «Santo, Santo, Santo» son muy conocidos para ellos, no porque sean melodías que los hacen felices, ¡sino porque justamente exaltan a Dios por quién es Él! Y cuando terminan el servicio de adoración, su adoración no termina. Los «perros» no conocen una «vida normal» fuera de la gloria de Dios. ¡Para un «perro», la adoración es la vida misma!

Cuando yo (Bob) me casé, alguien me animó a buscar un pasatiempo para poder distraerme del trabajo. Como resultado, me decidí por la carpintería. Compré algunas herramientas usadas y empecé a construir. Mi primer proyecto fue hacer una bandeja pequeña para mi esposa. Todavía la utilizamos. Progresé al punto de tomar un proyecto grande. Decidí que iba a construir mi propio escritorio con ruedas. Por varias razones, no utilicé ningún plano, y usé solamente madera de deshecho que encontré y que iba a ser quemada en unos condominios cerca de mi casa. Hoy, el escritorio todavía se halla en nuestro hogar.

Cuando la gente entra a nuestra casa y ve el escritorio, le dice a mi esposa: «Caramba, ese es un hermoso escritorio. ¿Dónde lo consiguió?» Mi esposa responde con la verdad: «Mi esposo hizo ese escritorio con madera de deshecho». Cuando escucho la palabra «deshecho» me dejo guiar y (trato) camino humildemente. Y cuando estoy allí, me preguntan: «¿hiciste eso con el desecho de madera?» Durante ese tiempo de mi vida, me estaban honrando por el trabajo de mis manos. Cuando me di cuenta de lo que estaba pasando, una luz se apagó en mi cabeza. ¿Por qué no puedo honrar a Dios por el trabajo de Sus manos?»

Desde que empecé a pensar de esa manera, he descubierto una multitud de formas, para hacer que la vida sea un servicio de adoración. Una vez que estaba manejando mi carro mi hija, Elise (mis hijos viajan una vez al año con papá), a un lado del camino, vimos flores hermosas. Nos detuvimos, bajamos del carro, y cortamos una.

Al regresar al carro, empezamos a estudiar con detalle la flor. «Mira, Sis, mira esos colores. Mira los púrpuras y los verdes—qué hermosos son. ¿Habrías pensado en poner estos dos colores juntos? Esto no pasó por accidente, tú lo sabes. Dios pintó esto. Dios es un artista magistral. Y mira esas hojas. Mira qué verdes están. Mira las venas. Siente los minúsculos vellos en el tallo. Y huélela, Sis. ¿No huele maravilloso?»

¿Qué estaba sucediendo? Por diez minutos, a la orilla de la carretera 605, mi hija y yo, llevamos a cabo un servicio de adoración, porque nos habíamos estado haciendo una pregunta: ¿Qué obtiene Dios de esto?

Pero no siempre ha sido así. Cuando estaba empapado de mi humanismo-evangélico, vívidamente recuerdo que alguien me dio una rosa y me dijo lo hermosa que era. Cuando tomé la rosa, le eché un vistazo y la tire sobre mi hombro al piso. ¿Por qué? Porque no tenía nada que ver sobre alcanzar a los musulmanes para Cristo. Literalmente, ¡no tenía tiempo para oler rosas!

¿Y los acuarios? Odiaba los acuarios. Miraba a un pez ir de un tanque a otro y luego a otro, y a otro; trataba de mirar lo más rápido que podía, siempre pendiente de donde estaba la salida. ¡Oh, cómo me aburría con los acuarios! Pero ahora, ¡no puedo salir de ellos! ¡Amo los acuarios! ¡Los amo porque veo la creatividad de Dios, y me intimida! Me imagino pensando a Dios a través de los diferentes peces que Él hizo, desde el pez espada hasta el pez luna, algunos con caras feas y otros con caras planas. Y entonces me sorprende Su creatividad con el pulpo y la manera en que puede cambiar de color para hacer juego con su ambiente.

También amo el colorido de sus diseños en los peces. Me encantan las rayas y la manera en que Él mezcla suavemente los colores. Él es el pintor principal. Me río del caballito de mar. Me asombro con la ballena. Los cangrejos pueden hacerme reír. ¡Y la belleza de una medusa nadando —nunca ningún arte en la humanidad ha logrado llegar tan cerca de eso! El tiempo que antes pasaba lentamente frente a un acuario, ahora vuela. No puedo salir de los acuarios porque me siento abrumado por Su creatividad, y sigo pensando en el gozo que ha de haber tenido nuestro Padre durante Génesis 1:20–21.

Al estar sentado aquí en la práctica de fútbol de mi hijo, escribiendo en mi computadora portátil, estoy mirando una hermosa puesta del sol. ¡La mezcla suave que Dios hace de los rosas y grises es asombrosa! Su diseño en las nubes es tan creativo. Le estoy agradeciendo y alabando por la puesta del sol. Estoy teniendo un mini servicio de adoración mirándola. (Estamos tratando constantemente de enseñar a nuestros hijos a que digan: «¡Mira lo que Dios está pintando en el cielo!»).

Sharon y yo (Gerald) también disfrutamos compartir las experiencias de la vida el uno con el otro. Mientras manejo el carro, si veo una magnifica puesta de sol, le llamo por el celular y la animo a que la vea. Desde que fuimos impactados con la gloria de Dios, nuestras conversaciones han dado un giro diferente. Yo decía: «¡Mira esa hermosa puesta del sol¡» pero ahora ella escucha: «¡Mira esa hermosa puesta del sol¡», ¡seguro que Dios hace un buen trabajo!» Cuanto más empiece a enfocarse en Dios y Su gloria y en el trabajo de Sus manos, estará más lleno de vida —las conversaciones cambian y su aprecio por la obra de Dios crece.

Pero esas no son las únicas cosas que vemos. ¡Hay otra dimensión!

Cuando nosotros (Bob y Debby) vivíamos en Arizona, éramos dueños de una casa cuya puerta de la cochera era muy difícil de cerrar. Usted realmente tenía que cerrarla de un portazo, y con cuatro hijos era muy raro que estuviera cerrada. El aire acondicionado se escapaba generalmente. Finalmente llegó el día en que tuve que arreglarla. Después de conseguir los tornillos apropiados, los puse en las bisagras y perforé, esperando agarrar al menos dos, si no tres, pernos. Finalmente después de que entraron los nueve tornillos, respiré y cerré la puerta. Para mi alegría (las cosas usualmente no funcionan como pensamos, al primer intento —la ley de Murphy siempre me sigue), ¡la puerta cerró como si nada; estaba arreglada!

Sé que esto suena tonto, ¡pero salí varias veces y abrí la puerta sólo para poder cerrarla! ¡Me alegré tanto de que la puerta estuviera funcionando! Entonces me golpeó de nuevo. Si yo estaba tan contento de tener algo que funcionaba bien, ¡Apuesto a que Dios también está muy contento si las cosas funcionan bien! Y si Él está muy contento por eso, ¿por qué yo no puedo?

Cuando por primera vez, Dios cambió mi enfoque (de Gerald) hacia Su gloria, aún mi vida de oración dio un giro drástico. Tal vez mi esposa preferiría que no contara esta historia, pero es importante para mí. Teníamos una perra llamada Punkie. Al sacarla a pasear para que pudiera hacer su «negocio,» observé que tenía problemas. Se ponía de cuclillas y nada pasaba. Caminaba un poco más lejos y nada. Intentaba caminar mientras estaba en cuclillas, y nada. Entonces le pedí a Dios que sanara a mi perra.

Había sido afectado, al comprender que nada en mi oración reconocía a Dios, Su obra, Su creación, o Su gloria. Sabía que tenía que orar de nuevo pero esta vez de una manera diferente. Ahora, oré: «Señor, usted nos bendijo con esta pequeña perra, y ha sido una gran alegría. Pero, Señor, ella está teniendo problemas ahora. Este pequeño cuerpo que usted creó, con tal esplendor y tantos órganos pequeños, y tejido que funcionan para mostrar Su gloria, Señor, no la están mostrando ahora. Le pido que estos órganos que usted diseñó, funcionen de la manera que usted pensó. ¡Muestre que lo creó, y permita que funcionen bien!»

No debería haberme asombrado, pero Punkie se puso de cuclillas e hizo su «negocio» en ese mismo momento. Está bien, eso es un poco crudo, y no es una historia que comparta en cada púlpito, ¡pero ciertamente demuestra cómo la gloria de Dios puede verse en cualquier experiencia de la vida!

Deléitese en lo que Dios se deleita

Ahora, cuando (Debby y Bob) vemos a una pareja tomada de la mano caminando con sus hijos, sabemos que Dios está arriba sonriendo, porque la unidad de la familia está trabajando de la manera que fue diseñada para funcionar. Y si Dios está sonriendo, ¡nosotros también podemos sonreír! Cuando vemos a una madre o un padre besando y abrazando a su hijo, nos sentimos contentos porque Dios lo está también. ¡Y esto ha cambiado nuestras vidas!

Acostumbrábamos a sostener a nuestros niños en los brazos mientras pensábamos en la siguiente reunión, planes para otro día, o el mundo musulmán perdido, y realmente nunca disfrutábamos a nuestros hijos. Ahora que los sostenemos, en los brazos estamos adorando a Dios, agradeciéndole por la relación padre-hijo o por una relación madre-hija. Nos atemoriza la idea de que Él nos confió a estos niños para amarlos y guiarlos en Su camino. Nos encanta pasar tiempo con ellos (¡aunque nunca es suficiente!), al verlos practicar fútbol o ballet clásico y bailar tap; al verlos crecer y desarrollarse. Y ahora sabemos por qué Dios nos dio nietos: para tener una segunda oportunidad.

Cuando un esposo que lleva quince años de casado, sale a una cita con su esposa, Dios sonríe; también nosotros. Cuando un joven sale con una señorita y la trata con santidad y respeto, Dios sonríe. Cuando las estaciones cambian, como el mecanismo de un reloj, Dios sonríe, y podemos disfrutar de ellas también. Cuando dos personas se reconcilian y se perdonan una a otra, Dios está sonriendo. Y si aprendemos de eso, también nosotros podemos compartir esa alegría. Cualquier cosa que esté funcionando bien, de la manera que Dios lo diseñó para que funcionara, lo complace. Todo fue creado para Su gusto (Apocalipsis 4:11). Si usted sabe que Él está sonriendo sobre algo, entonces sonría con Él. No se trata de usted; ¡se trata de Él! ¡Los «perros» cristianos celebran con Dios en Su alegría!

¿Necesitamos más ejemplos? El escuchar música puede ser un gran servicio de adoración. No es por el compás o la melodía, aunque forman parte de ella. Pero, la idea de que un pedazo de metal estirado firmemente a través de un poco de madera, que luego al frotarlo con el pelo de la crin de un caballo, de modo que vibre en las moléculas del aire, y al entrar a la madera y alcanzar eventualmente alguna parte de la piel en mi oído, (el tímpano) envía una señal a mi cerebro, que lo interpreta como música, me hace pensar ¡qué gran milagro! ¡Qué Dios tan maravilloso! Y no es solamente un tono; puedo oír miles de tonos diferentes. Algunos se mezclan agradablemente. Algunos contrastan entre sí. Y de alguna manera sé cuáles suenan bien y cuáles no. ¡Es asombroso! ¡Estoy sobrecogido por ese Dios que creó el sonido!

Y luego piense en la vista. Seguramente en el octavo grado nos enseñaron todo sobre las barras y los conos. Pero, de alguna manera, muy en el fondo, pensaba que las señales enviadas por esas barras y conos, eran enviadas al cerebro, expuestas en un proyector; y alguien estaba adentro del cerebro mirándolas. No. La materia gris, determina de alguna manera un objeto, como una imagen que tiene sentido. ¡Increíble! ¡Los «perros» han llegado a comprender, que el hecho de poder ver, es digno de adoración! ¡Qué Dios tan asombroso tenemos!

El otoño es una estación maravillosa —ver al Señor pintar las hojas que un día fueron verdes y llenas de vida, ¡me encanta!

¡Ver cómo Él puede tomar un árbol verde y pintar una pequeña esquina de las hojas con un anaranjado o amarillo brillante! El otoño me transporta, vislumbrando árbol tras árbol y declarando: «Señor, qué creativo eres!» Una gran sonrisa se dibuja en mi rostro.

La próxima vez que usted esté aburrido, dé una caminata por la naturaleza alrededor de su casa. Mire un arbusto. ¿Algunas partes de él están brotando a la vida mientras que otras están muertas? Estúdielo. Piense en él. Aprenda de él. El Señor lo diseñó de esa manera. ¿Qué le dice? He hecho esto y he encontrado que Dios es absolutamente feliz con la vida y la muerte. Ambos, la vida y la muerte, son igualmente para Dios.

Gary Taylor ayudó a iniciar Fronteras, la agencia misionera que planta iglesias a través del mundo musulmán. En cierto momento, el Señor nos llamó en direcciones diferentes, pero yo (Bob) siempre he permanecido en contacto con él. Una vez cuando estábamos en un consejo internacional de Fronteras para honrar a Greg y Sally Livingstone, Gary y su esposa Carolyn compartieron sobre la lucha de su hijo con el cáncer. Una de las historias que nunca he olvidado fue la representación de Carolyn sobre su hijo, Derek, acostado en la cama de un hospital luchando contra el cáncer, y sosteniendo a su sobrino recién nacido. Vida y muerte juntas —algo que al Señor no le asusta colocar junto. Lo he visto en los arbustos y en los árboles, y ahora lo estaba escuchando en el hijo de mi amigo. ¡Oh qué gran panorama de la gloria de Dios!

Si se aburre fácilmente con las caminatas por la naturaleza, vaya a su cocina y saque una naranja, una uva, una sandía,

¡o un pequeño panqueque y pruébelo! ¿Se ha detenido a pensar, que Dios no tenía por qué darle el sentido del gusto? Pero, ¡lo hizo para que usted pudiera probar Su gloria! ¿Ve usted? Dios pudo haber hecho que todo supiera igual, como el pollo. Él pudo haber hecho todo suave e insípido, como el agua. Pero, no lo hizo. Él quiso que usted probara una fresa cubierta de chocolate, carne asada, durazno en almíbar, mantequilla, y más. Cada sabor debería sacar una exclamación de admiración de Su obra. Quizá en lugar de solamente dar gracias a Dios por la comida, debería detenerse en medio de la comida que usted está disfrutando, y decirle a Dios cuán grande es Él, por permitirle tener el sentido del gusto.

La gloria de Dios nos rodea. Se puede ver de muchas maneras. ¡Nunca deje de buscarla. Nunca deje de tener hambre de ella. ¡Nunca deje de sentirse sobrecogido por ella! ¡Irradie a Dios la gloria, de la cual es digno! La vida debe ser un gran servicio de adoración. Y dependiendo de si usted es un «gato» o un «perro», todo adquirirá un significado diferente.

Entonces, ¿qué hacen de diferente los «perros» cuando la vida es un gran servicio de adoración? La respuesta puede darle una sacudida eléctrica: no mucho. Pero, cualquier cosa que hagan ¡la hacen con una actitud completamente nueva! Lavan los trastos pensando: «Esto agrada a Dios». Trabajan pensando: «Este es el papel que Dios me ha dado como encargado de esta familia». Cambian los pañales pensando: «Estoy cuidando de los que Dios me ha confiado, y sé que esto le agrada». Conducen a su trabajo pensando: «¿Cómo puedo reflejar la gloria de Dios en mi manera de conducir, y por medio del paisaje que me rodea? Miran a un niño en el aeropuerto tomando la mano de su padre e internamente dicen: «Sí, ¡esa es la manera en que fue diseñado por Dios!» Preparan una cena maravillosa para su familia, diciendo: «Este es el papel que el Señor me ha dado, y está reflejando Su gloria. ¡Estoy en paz y satisfecho con ello!»

Los «perros» hacen todo lo que hacen los «gatos». Sus vidas son paralelas en todo, excepto en ¡su pensamiento! Ellos hacen todo como un acto de adoración a Dios y para hacerlo sonreír. ¡Esto es porque definen todo en términos de la gloria de Dios! (Véase el glosario de términos del «perro»).

La vida fue diseñada para ser un gran servicio de adoración al vivir por/ y reflejar la gloria del Señor. Pero, con la teología del gato, le hemos dado vuelta, de modo que ya no adoramos más al Señor. Hemos estado ocupados adorándonos a nosotros mismos. ¡Oh cuánto necesitamos zambullirnos en la teología del perro, y adorar de nuevo al Señor por quién Él es, y no por lo que puede darnos! Tommy Tenney, describe convenientemente el enfoque de un «gato» cuando pregunta si estamos buscando la mano de Dios para ver qué nos dará, o la cara de Dios para deleitarnos al estar en Su presencia.

Es nuestra esperanza y oración que su vida sea cambiada radicalmente por el contenido de este libro. ¡Y quizá, por primera vez, usted tendrá buenas noticias para decirle a otros. ¡Oh Padre, por favor, permita que eso pase! Amén.

17

¡LA MÁXIMA GLORIA DE DIOS!

Cuando yo (Gerald) estaba sirviendo como pastor en los Países Bajos, algunas personas de nuestra iglesia eran devotos admiradores de Corrie ten Boom, una mujer holandesa que fue encarcelada por los alemanes, durante la Segunda Guerra Mundial, por esconder judíos. Estos miembros de la iglesia servían como guías voluntarios en el viejo hogar de Corrie, el cual los turistas pueden seguir visitando, y en donde pueden escuchar la historia de supervivencia, esperanza, y fe de Corrie, de cuya historia se ha filmado e impreso como *El Lugar Secreto*. Corrie ha compartido su historia y testimonio alrededor del mundo a través de su propio ministerio y como invitada de Billy Graham.[21]

La historia comenzó cuando alguien informó a los nazis, que la familia cristiana de Corrie ocultaba a los judíos en su casa. Fueron descubiertos, y Corrie y su familia fueron enviados a un campo de concentración. Corrie perdió a su familia entera, pero no su fe. Ella vivió y habló a otros sobre el Dios, que no sólo le permitió sobrevivir, sino también le dio poder para perdonar a los que la persiguieron y atormentaron.

Mucho tiempo después de la Guerra, Floyd McClung de la YWAM visitó a Corrie ten Boom (quien tenía setenta años). Él observó que ella acababa de comprar maletas nuevas. Floyd, muy sorprendido de ver a una dama de la edad de Corrie comprando maletas, le preguntó por qué había comprado eso. Corrie le dijo que un ángel la había visitado en una visión. Cuando él le preguntó a qué había venido el ángel, ella le contestó que Dios había enviado al ángel, para decirle que tenía diez años más de vida. Así que Corrie había ido a comprar maletas para celebrar.

Cinco años más tarde, la salud de Corrie decayó al punto que sufría grandemente y tenía una movilidad muy limitada. Mientras estaba en el hospital con terrible dolor, Floyd fue a visitarla de nuevo. En su conversación, ella le dijo que un segundo ángel la había visitado. Este ángel le informó que no se iba a recuperar y que el dolor y la agonía por los que iba a pasar iban a resultar en su muerte. Corrie había protestado, diciéndole al ángel que tenía cinco años más de vida. El ángel le respondió que el Padre celestial lo sabía, pero que lo había enviado para decirle que Él estaba dispuesto a llevarla antes al hogar. Con eso, Corrie se enfrentó a una difícil decisión: ¿Irse con el Señor o aguantar el sufrimiento y el dolor, por otros cinco años?

¿Cómo respondería usted? Quizá de la misma manera que nosotros lo haríamos, evitando el dolor, escapando de los problemas, y eliminando el sufrimiento. ¿Por qué alguien escogería algo diferente? Es en tiempos como estos, cuando descubrimos de qué está hecha la gente y aprendemos qué hizo a Corrie ten Boom diferente.

Corrie le contestó al ángel con una pregunta, «¿Qué le dará mayor gloria a mi Padre? ¿El ir a estar con Él ahora, o el aguantar los cinco años de sufrimiento?» El ángel dijo: «Quedarse aquí y aguantar cinco años más de sufrimiento». Y con eso, Corrie le dio su respuesta, «Entonces eso es lo que escojo».

¿Cómo habría podido tomar ella tal decisión? ¿Qué la hizo tan diferente? Simplemente esto: Corrie no vivió para su propia facilidad y comodidad; ella vivió para la gloria de su Padre.

¿Qué resultó de esos cinco años? Aunque el nombre de Corrie ten Boom había sido muy conocido entre millones de cristianos alrededor del mundo antes de este tiempo, Dios usó esos últimos años para sellar en los corazones y en las mentes de mucha gente, un panorama de lo que significa vivir fielmente. Corrie había demostrado que la vida debe ser vivida para la gloria de nuestro Padre y no para nosotros mismos —incluso si eso significaba aguantar el dolor y el sufrimiento.

Esto hace que nos hagamos una pregunta muy simple: ¿Cuánta gloria deseamos darle a Dios? ¿Deseamos darle una cierta gloria, mucha gloria, o la máxima gloria? Asumiremos eso, puesto que usted ha llegado tan lejos en este libro; está comprometido a darle a Dios la gloria máxima. ¿Cómo hacemos eso? La respuesta se encuentra en la evangelización del mundo, cuando preguntamos: «¿Qué obtiene Dios de esto» en lugar de, «¿Qué obtiene la gente de esto?»

Gloria Global

Para entender qué obtiene Dios de la evangelización del mundo, necesitamos ver otra pregunta: ¿Qué pasa con nuestra visión de Dios, cuando lo estamos adorando con personas de otras culturas? En nuestros seminarios, pedimos que levanten su mano, quienes han tenido esta experiencia. Usualmente son pocos. Y preguntamos a aquellos que levantaron sus manos, «¿Qué hizo esto con su visión de Dios?»

Siempre obtenemos la misma respuesta. «Se hizo más grande», dicen en diversas formas, dando a entender que Dios recibió más gloria cuando lo adoraron con personas de otras culturas. Hay un principio escondido en esas respuestas, y ese principio es: Dios recibe mayor gloria cuando Él unifica lo que es diverso.

Es decir, tome dos cosas diferentes y únalas en el nombre de Jesucristo, y Dios recibe más gloria. Ya sea una pareja al borde del divorcio, y usted sana su matrimonio por medio de las Escrituras o si es un palestino y un israelí, y usted crea una relación que honre a Dios, después de siglos de amargo rencor, Dios recibe mayor gloria. Agregue a esos cuatro un kuwaiti y un iraquí quienes hacen a un lado su amargura y odio en el nombre de Jesús, y Dios recibe mayor gloria. Añada un aceh de Indonesia y un karalkolpoch de Uzbekistan, y Dios recibe aún mayor gloria, porque cuando más diversidad se une, más gloria se da.

Esta es la razón por la cual Dios ha comunicado claramente en Su Palabra, que Él desea gente de *todo* linaje, lengua, pueblo, y nación (Apocalipsis 5:9). Usted sabe que Él no tuvo que hacerlo de esa manera. Él pudo haber dicho: «Quisiera que usted alcanzara al 10 por ciento del mundo» (que es aproximadamente lo que estamos haciendo), o, «vaya a hacer discípulos en el 70 por ciento del mundo». Dios pudo haber puesto un porcentaje, pero no lo hizo. Él fue muy específico sobre la gente de *todo* linaje, lengua, pueblo y nación. ¿Por qué?

La respuesta es simple. Se trata del hecho de que Él es un Dios santo y celoso. Ve usted, si Dios solamente hubiera alcanzado a los judíos, Él habría recibido la gloria, pero no la gloria máxima. Y si hubiera alcanzado a los judíos y a muchos de los grupos de los gentiles, Él habría recibido aún más gloria, pero no la mayor gloria. Solamente cuando usted y yo, estamos allí con gente de toda lengua, pueblo y nación (significa que todas nuestras diversidades se unen), entonces nuestro Padre recibirá la mayor gloria que Él jamás podría haber tenido de la humanidad. La verdadera fuerza impulsora para la evangelización del mundo es darle a nuestro Padre la mayor gloria posible.

Y la semilla de esto, se encuentra en el primer mandamiento para toda la humanidad en Génesis 1:28: «Y los bendijo Dios, y les dijo: fructificad y multiplicaos; llenad la tierra, y sojuzgadla». ¿Se fijó en esas palabras, «llenad la tierra»? ¿Sabe usted qué pasa a través de los siglos en el tiempo (Dios no tiene prisa) cuando usted «llena la tierra»? Su lenguaje comienza a fracturarse, y en un cierto plazo usted pasa de un acento leve a un lenguaje totalmente diferente, ¡creando diversidad!

Creemos que este es el corazón del primer mandamiento para la humanidad. ¡Dios se propuso crear la diversidad, de tal modo que Él pudiera más tarde unirla en armonía, para revelar Su más grande gloria! Esta es la razón por la cual los «perros» verdaderos son «cristianos del mundo», creyentes que buscan alcanzar todas las naciones y grupos étnicos para la más grande gloria de su Padre. Y esto los hace cambiar su motivación en todo.

Las misiones no son más un deber donde alguien dice: «Bien, alguien tiene que ir. Supongo que yo, puesto que nadie más se ofrece como voluntario». Las misiones no tienen más el propósito de buscar que la gente vaya al cielo. Ahora hay una motivación más alta y mayor: «¡Deseo ir a las naciones, porque quiero ver a mi Padre glorificado entre todos los grupos del mundo, para que reciba Su más grande gloria!» Esto nos da una nueva motivación fresca para ir a las misiones. Sí, la gente se pierde y va al infierno, pero la mayor gloria de Dios se revelará cuando alcancemos a cada uno de ellos. Por lo tanto, ¡alcancemos al mundo para revelar la gloria más grande de nuestro Padre!

Las misiones ya no son más, imprecisas, para el comité de misiones, enviando gente sin el conocimiento del grupo al que va, o si ya han sido alcanzados o no. «Así que vas a la India, ¿verdad? Está bien, te apoyaremos con cincuenta dólares al mes». Ahora las misiones son muy específicas con los comités, haciendo preguntas clave, como: «¿A qué grupo va ir usted? ¿Es un grupo alcanzado o no?» Ellos saben que dando prioridad al grupo no alcanzado, ¡nos moveremos más rápido hacia la meta de darle a nuestro Padre la más grande gloria!

Esto complementa lo que dice John Piper en el párrafo de inicio de su libro *Dejen que las Naciones se Alegren.*

> *Las misiones no son la meta final de la iglesia. Lo es la adoración. Las misiones existen por falta de la adoración. La adoración es primordial, no lo es las misiones, porque Dios es primordial, el hombre no lo es. Cuando esta era termine y los millones de redimidos se postren ante el trono de Dios, las misiones dejarán de existir. Es una necesidad temporal . Pero la adoración es continua y para siempre*[22]

La Historia de la Biblia

La meta de llevar a cada grupo étnico ante el Dios viviente, para revelar Su más grande gloria es la historia de la Biblia. Mucha gente lee su Biblia con una visión limitada. La estudian como sesenta y seis libros independientes, con varios temas, y lecciones entretejidos por todas partes. Pero la Biblia fue escrita para ser leída como un solo libro; y como cualquier libro tiene una introducción, una historia, y una conclusión.

La introducción va desde Génesis 1–11, la historia comienza en Génesis 12 y sigue hasta Apocalipsis 3, y la conclusión inicia en el capítulo 4. La introducción es simple; usted sabe la mayor parte: Dios crea todo y dice que es bueno. Adán y Eva caen en pecado. Dios se encarga del problema del pecado. La gente comienza a multiplicarse, al igual que el pecado. Cada intención de sus corazones es mala. Dios, siendo un Dios santo, no puede tolerar el pecado. Entonces envía su juicio por medio de un diluvio.

Noé y su familia suben al arca que flota a través de una enorme tormenta por cuarenta días y noches. Después de un año, el diluvio termina. Dios le da a Noé un arcoíris como señal y le dice: «Nunca volveré a enviar un diluvio a la tierra». La humanidad empieza a aumentar y a multiplicarse otra vez. Y entonces llegamos a Génesis 11:1. Este es un versículo clave, para entender la introducción de la historia de la Biblia: «Ahora el mundo entero tiene una lengua y un habla común».

Observe la idea detrás de esto. No hay diversidad, ninguna mentalidad «nosotros contra ellos.» Solo hay un «nosotros.» Eran personas con un lenguaje y una cultura. No había posibilidad de darle a Dios la mayor gloria, porque no había grupos diferentes de personas. Observe qué pasa en los siguientes versículos 3– 4. En lugar de obedecer a Dios y separarse como se les ordenó (para crear diversidad), desobedecieron y permanecieron como un grupo.

Y se dijeron unos a otros: «Vamos, hagamos ladrillo y cozámoslo con fuego.» Y les sirvió el ladrillo en lugar de piedra, y el asfalto en lugar de mezcla. Y dijeron: «Vamos, edifiquémonos una ciudad, y una torre, cuya cúspide llegue al cielo; y hagámonos un nombre, por si fuéramos esparcidos sobre la faz de la tierra». (Génesis 11:3–4)

Por cualquier razón (uno solamente puede conjeturar), rechazaron obedecer a Dios e intentaron seguir siendo un grupo, aun desobedeciendo a Dios directamente.

Celoso (un nombre para Dios encontrado en Éxodo 34:14) no preocupado. Él estaba comprometido a ver Su gloria revelada en tal manera, que podía crear más adelante diversidad que le permitiera unirla en armonía. Así que Él hizo en un momento lo que hubiera tomado siglos hacer. Tomó el lenguaje común y lo dividió en muchos lenguajes diferentes, creando diversidad instantáneamente. De esta manera Él pudo hacer que se dispersaran y luego unirlos de nuevo algún tiempo después. Ahora, en lugar de sólo un grupo de personas, había muchos grupos. ¡Y el escenario estaba listo para que Dios comenzara su «más grande» campaña de gloria!

Con esto termina la introducción de la historia de la Biblia. Si estuviéramos viendo esto en el teatro, las cortinas se hubieran cerrado para tomar un descanso corto . Saldríamos y compararíamos una soda y palomitas, y entonces regresaríamos para ver el principio de la historia de la Biblia. Nos sentiríamos curiosos de cómo Dios cumplió su deseo de compañerismo con la humanidad, especialmente ahora que está dividida en tantos grupos. Cómo Él lo hará, será el factor dominante en la historia que está por venir. Al abrirse las cortinas, el escenario está listo con Dios en el cielo mirando hacia abajo a todos los grupos de la tierra que creó, pero que fueron separados por Él. Se inclinaría y tomaría a uno de ellos (Abraham) y le haría una promesa. La promesa tendría dos partes. Primero, Él le diría a Abraham, «Quiero bendecirte». Segundo, Él diría, «Quiero que seas una bendición a todas las familias de la faz de la tierra».

Este es el llamado Pacto Abrahámico o la Promesa Abrahámica. Se encuentra en Génesis 12 y se lee así:

> Y haré de ti una nación grande y te bendeciré;
> y engrandeceré tu nombre,
> y serás bendición.
> Bendeciré a los que te bendijeren,
> y a los que te maldijeren maldeciré;
> y serán benditas en ti
> *todas las familias de la tierra*» (Génesis 12:2–3).

Dios, al hablar de bendecir a otros por medio de Abraham, usa una palabra simple, la cual tiene un impacto tremendo en Su gloria. Él usa la palabra «todas». «Todas las familias de la tierra serán benditas por medio de ti». No «algunas», «la mayoría» o «un gran número de» sino que «todas las familias de la tierra serán benditas por medio de ti».

Póngalo en el lenguaje del Nuevo Testamento, básicamente Dios está dando la Gran Comisión. «Id y haced discípulos a todas las naciones» (Mateo 28:19) y «Todas las familias de la tierra serán benditas por medio de ti» (Génesis 12:3) básicamente dice la misma cosa. Dios le dijo a Abraham que por medio de Él serían benditas todas las familias de la tierra, y les dijo a los discípulos que por medio de Jesús serían alcanzadas todas las naciones.

Estos dos pasajes son paralelos, y los «perros» saben por qué. Dios ha ido, va, e irá siempre tras la revelación de Su más grande gloria, y eso sucederá cuando todos los grupos tengan representantes que unidos celebren a Dios. Él sabía eso desde el principio. Para enfatizar esto, inmediatamente después de que Dios creó las naciones, le hizo la promesa a

Abraham de alcanzar a cada uno de ellos. Él lo estaba dejando muy claro. ¡Estaba buscando redimir gente de cada lengua, pueblo y nación!

El deseo de Dios de alcanzar a todas las naciones impregna el Antiguo y el Nuevo Testamento. Veamos algunos ejemplos del Antiguo Testamento:

- «Estad quietos, y conoced que yo soy Dios; Seré exaltado *entre las naciones* , enaltecido seré en la tierra ». (Salmos 46:10, énfasis agregado)
- Cantad a Jehová, *toda la tierra*; proclamad de día en día su salvación. cantad *entre las gentes* su gloria, y en *todos los pueblos* sus maravillas. (1 Crónicas 16:23–24, énfasis agregado)
- Porque como la tierra produce su renuevo, y como el huerto hace brotar su semilla, así Jehová el Señor hará brotar justicia y alabanza delante de *todas las naciones*. (Isaías 61:11, énfasis agregado)

Y del Nuevo Testamento:

- Y les dijo: «Así está escrito, y así fue necesario que el Cristo padeciese, y resucitase de los muertos al tercer día; y que se predicase en su nombre el arrepentimiento y el perdón de pecados en *todas las naciones*, comenzando desde Jerusalén». (Lucas 24:46–47, énfasis agregado)
- Id y haced discípulos a *todas las naciones*. (Mateo 28:19, énfasis agregado)

LA CONCLUSIÓN

¿Ha logrado Dios lo que preparó desde el principio? ¿Ha recibido Su más grande gloria? ¿Cómo termina? Veamos rápidamente, cómo concluye la historia al final de nuestras Biblias. En Apocalipsis 5:9, hay una canción que es cantada por los ancianos y los seres vivientes. Esta tiene que ser una canción muy importante. ¿Puede usted imaginarse a los ancianos de su iglesia pararse enfrente de la congregación para cantar una canción? Y si esto es tan importante, debemos ponerle atención.

¿Qué dice? Dice:

> Y cantaban un nuevo cántico, diciendo:
> Digno eres de tomar el libro
> Y de abrir sus sellos,
> Porque tú fuiste inmolado,
> Y con tu sangre nos has redimido para Dios
> De todo linaje y lengua y pueblo y nación.
> (Apocalipsis 5:9)

Observe de donde vinieron: «¡de todo linaje y toda lengua y pueblo y nación!» Lo que Dios se propuso hacer por medio de Abraham, ¡lo logró al final de los tiempos! Y porque todas las naciones están allí, ¡Dios recibe la mayor gloria! Dios había declarado que esto pasaría. Él lo había decretado. Lo había exigido. ¿Por qué? Porque Él lo desea.

Si usted tomara su Biblia y colocara su pulgar en Génesis 12 y sus otros dedos en Apocalipsis 5:9, usted tendría una historia en medio —una historia de un Dios amoroso buscando redimir a la gente de cada grupo étnico de sobre la faz de la tierra.

La mayoría de los «gatos» están ciegos a esto. La mayoría de los «perros» lo saben bien. Ese es el porqué los «perros» son los cristianos del mundo, buscando apasionadamente a las naciones para la mayor gloria de su Padre. ¡Es la historia de la Biblia! De hecho, si usted quitara las misiones de la Biblia, tendría muy poco que estudiar, sólo unos pocos capítulos en Génesis y unos pocos en Apocalipsis. (Para aprender más de la historia de la Biblia, por favor lea *Al Fin Revelado* por Bob Sjogren.)

Esperamos que pase lo que pase en su vida, usted, como Corrie ten Boom, busque preguntarle a su Padre celestial, «¿Qué te dará la mayor gloria?» ¡Y usted buscará Su gloria en cada área de su vida y de alguna manera jugará el papel de llevar esa gloria hasta lo último de la tierra!

En lugar de vivir desde el nacimiento hasta la muerte buscando lo que es seguro, suave y cómodo, usted vivirá con un propósito: ¡el propósito de glorificar a Dios!

EPÍLOGO

Hemos encontrado que muchos cristianos, pastores, e iglesias han reaccionado negativamente a nuestro mensaje de la Teología del Perro. Han salido de nuestros seminarios y han dejado de leer este libro, determinados a desarrollar «Una forma de vida de la teología del perro» o «una iglesia de la teología del perro» para encontrarse solamente fuera de equilibrio —y muy poco atractivos para otros. Entonces, al disminuir los números en sus iglesias, lo racionalizan diciendo que aquellos que se fueron no eran «espirituales».

Esto plantea una importante pregunta: «¿Es la teología del perro desequilibrada?» La manera de balancear un subibaja, no es sentándose en medio sino en el extremo. Con siglos de la Teología del Gato en un extremo del subibaja, ha sido nuestra estrategia por medio de este libro y nuestros seminarios, hacer hincapié en el aspecto de la «gloria de Dios» en nuestra descripción de la Teología del Perro. Pero esto es solamente para contrapesar las décadas y los siglos de la Teología del Gato, que ha impregnado nuestras iglesias. La práctica de una *verdadera* Teología del Perro, es cuestión de un correcto equilibrio y prioridades verdaderas.

Año tras año, década tras década, y siglo tras siglo con la Teología del Gato, ahora necesita ser equilibrada con un peso predominante del pensamiento del perro. Pero este pesado énfasis que se encuentra en nuestros libros, y en nuestros seminarios, es solamente para ajustar nuestro pensamiento. El vivirlo, es otro asunto y requiere de una estrategia diferente.

Eso plantea la pregunta: ¿Cuál sería un equilibrio apropiado? o mejor todavía: ¿Cuál es la Teología pura del Perro? Para contestar esta pregunta necesitamos recordar algunos puntos principales:

1. La Teologí a del Gat o no es incorrect a —es sólo incompleta;
2. La Teología del Perro no es la ausencia de la Teología del Gato —es la conclusión de ella;
3. Cristo murió por ambos y para la gloria de Dios.

Ahora imagine un tren correr a gran velocidad sobre las vías. El tren viaja sobre dos carriles, y si en determinado punto eliminamos cualquiera de ellos, el tren no llegará a su destino — se descarrilará.

Etiquetemos un carril con *Nosotros* y el otro con la *Gloria de Dios*. La Teología del Gato se enfoca solamente en un carril —todo es sobre *Nosotros*. Usted pudo haber pensado que la Teología del Perro se enfoca en el otro carril —todo es sobre la *Gloria de Dios*. ¡Pero eso no es correcto! La Teología del Perro no se enfoca totalmente en la *Gloria de Dios*. Esto sería tan incorrecto y perjudicial como la Teología del Gato. Recuerde, la Teología del Gato no es incorrecta, así que excluirla sería tan incorrecto, como cuando la Teología del Gato excluye la gloria de Dios. Si nuestra teología corre por un solo carril, nuestro «tren de la fe» no arribará a su destino. Vivir apropiadamente la Teología del Perro, es un equilibrio entre ambos carriles, con las prioridades apropiadas para cada uno.

- ¿Dios nos ama? Absolutamente, y excluir eso es inapropiado.

- ¿Cristo murió por nosotros? Absolutamente, y excluir eso es inapropiado.
- ¿Dios desea bendecirnos? Absolutamente, y excluir eso es inapropiado.
- La Teología del Perro involucra los dos mensajes—Dios nos ama y quiere que le demos la gloria.

De hecho, ese es el porqué Él murió por nosotros —para salvarnos, porque Él nos amó, y para que busquemos realizar nuestro gran propósito: vivir por y para Su gloria. Y así, sucesivamente; ¡de modo que pueda ser que recibamos nuestro más grande gozo!

Hay una satisfacción mutua en este proceso. Él quiere que usted tenga lo mejor—a Él. Así pues, Él exige que lo exaltemos, que levantemos Su nombre, y que lo glorifiquemos, porque Él, lo merece, y es con esto que recibimos nuestro gozo más grande. Recuerde lo que cita John Piper, «El hombre está más satisfecho, cuando Dios es mayormente glorificado».

Nuestras iglesias necesitan ser llenas de equilibrio. Sí, Dios lo ama y quiere bendecirlo —este es el mensaje que atrae a los incrédulos y a los «gatos» cristianos. Ese mensaje debe estar allí; no es incorrecto. ¡Los gatos, los perros, y los incrédulos, todos son atraídos por la comida para gato! Pero, Dios también quiere que pensemos en términos de prioridades y resultados.

¿Por qué nos salvó? Para que pudiéramos glorificarlo por Su misericordia. *¿Por qué* nos bendice? Porque es un efecto de Su gloria. *¿Por qué* nos lleva al cielo? Para que Él pueda mostrar Su gloria por siempre y para siempre. *¿Por qué* nos manda vivir para Su gloria? Porque debemos y lo necesitamos, para poder recibir nuestro más grande gozo.

Pensamos que es cuestión de enfoque y prioridad hasta este punto; los «gatos» se enfocan y viven principalmente dando su atención para recibir las bendiciones—viviendo para los 70 o más años que ofrece esta vida. Los «perros» disfrutan de la atención que Dios les da en esta vida, pero se enfocan en la vida futura. Los «gatos» viven en el *ahora*—los «perros» viven con la *eternidad* en su mente.

¿Qué hace una iglesia del perro? Invita a las masas a adorar a Dios, por quién es Él y por lo que ha hecho. Invita a los cojos, a los ciegos, a los atribulados, a aquellos llenos de miseria, y a aquellos con vidas vacías a acercarse y probar «el agua de vida». Habiendo sido restaurados y con una vida nueva, entonces se les enseña, para qué es la vida y cómo vivirla al máximo enfocada en la gloria de Dios.

Si este libro lo ha dejado con la impresión, de que usted necesita regresar corriendo a su iglesia y cambiarlo todo, usted pudo haber leído mal —y nosotros hemos fallado al darle esa impresión. (Ese es el porqué estamos incluyendo este epílogo). No tiene que cambiar todo —solo necesita idear una forma, un plan, una estrategia, para tomar a los «gatos» que está atrayendo y cambiarlos a «perros». La Teología del Gato no es incorrecta —es incorrecto permanecer en ella y enfocarse principalmente en ella, a expensas de vivir por y para la gloria de Dios.

La Escritura nos dice que seremos cambiados y transformados por la renovación de nuestras mentes. Lleve los «gatos» a la iglesia e idee un programa que se base en la renovación de sus mentes. Esta es el arma educativa de su iglesia. Si usted es un Ministro de Educación, su trabajo es crítico en este punto. Nuestra visión y plan necesitan extenderse, para incluir como meta final el entrenamiento de los cristianos, para alcanzar el máximo gozo —para glorificar a Dios y disfrutar de Él para siempre.

Si usted, como yo (Gerald) mira atrás, y se pregunta si desperdició los primeros años de su ministerio predicando la teología del gato, entonces necesita darse cuenta que eso no es completamente correcto. Esos años no fueron *desperdicia-*

dos —porque la Teología del Gato no es incorrecta— pero los años venideros se pueden utilizar para equilibrar y para ajustar el mensaje, de que el propósito final de esta vida es: disfrutar de Él y glorificarlo para siempre.

¿Cuál es la meta para usted? ¡Que glorifique a Dios, gozando de Él y de Sus bendiciones y que desempeñe su papel de alguna manera llevando esta gloria a las naciones!

De esta forma usted vivirá una vida de equilibrio y de prioridades correctas.

¡Para Su GLORIA Revelada!

GLOSARIO

Ya que los «perros» ven la vida en términos de la gloria de Dios, han redefinido todas las cosas con base en esto. Aquí hay algunas definiciones que ayudan a ver todas las cosas de acuerdo con la perspectiva correcta: «Porque de él, por él, y para él son todas las cosas» (Romanos 11:36).

Ángeles: Seres que obedecen perfectamente y reflejan Su gloria.
Iglesia (la): Gente a través de la cual Dios desea mostrar Su gloria.
Crisis: Una oportunidad para mostrar más la gloria de Dios.
Crucifixión: Compromiso de Jesús (y el Padre) de ratificar el valor de Su gloria.
Demonios: Una vez seres angelicales, que escogieron rechazar la gloria de Dios y seguir la gloria vacía de Satanás.
Depresión: Una reacción emocional o psicológica a no confiar en la gloria de Dios.
Fe: Confiar en la Gloria de Dios.
Gracia: Dios nos da su gloria cuando no lo merecemos.
Infierno: El castigo eterno por profanar y rechazar una gloria infinita.
Impaciencia: No descansar en el glorioso tiempo de Dios.
Justificación: Dios ve Su gloria en nuestras vidas.

Lujuria/Avaricia: Elegir a alguien o algo como más precioso que la gloria de Dios.
Matrimonio: Un compromiso de reflejar la gloria de Dios a una persona especial e ilustrar la relación de Jesús con la iglesia.

NOTAS

1 DeVern Fromke, *Unto Full Stature* (Cloverdale, Ind.: Sure Foundation, 2001), p. 17.

2 James Mulholland, *Praying Like Jesus, The Lord's Prayer in a Culture of Prosperity* (San Francisco: Harper San Francisco, 2001), pp. 19–20.

3 Bob Sjogren, *Unveiled At Last* (Seattle: Crown Ministries International, 1996).

4 Bruce Wilkinson , *The Prayer of Jabes* (S isters: Multnomah, 2000).

5 Donald Grey Barnhouse, *The Invisible War* (Grand Rapids: Zondervan, 1980), p. 31.

6 Tommy Tenney, *The God Chasers* (Shippensburg, Penn.: Destiny Image, 1999), p. 121.

7 R. C. Sproul, *The Invisible Hand* (Phillipsburg: P & R Press, 2003).

8 W.B. Forbush, ed., *Foxe's Book of Martyrs* (Grand Rapids: Zondervan, 1978), p. 12.

9 Ibid. p. 16.

10 Ibid. p. 19.

11 Ibid. p. 22.

12 Ibid. p. 29.

13 John Piper, *Let the Nations be Glad* (Grand Rapids: Baker Book House, 2003).

14 John F. Walvoordand Roy B . Zuck , *Th e Bible Know ledge Commentary : An Exposition of the Scriptures by Dallas Seminary Faculty* (Wheaton, Ill.: Victor Books, 1989), p. 307.
15 William Branham, «The Lamb's Broken Leg,» from *Beginning and Ending of the Gentile Dispensation*, sermon given at the Branham Tabernacle (Jeffersonville, Ind.: Jan. 9, 1995). Transcribed from cassette #55-0109E.
16 Larry Crabb, *Shattered Dreams* (Colorado Springs: Waterbrook Press, 2002).
17 John Piper, *Desiring God* (Sisters: Multnomah, 2003).
18 *QuickVerse 6 Greek Edition* by Parson's Technology, CD-ROM.
19 John Piper, *A Hunger for God* (Wheaton: Crossway Books, 1997).
20 Wayne Rice, *Still More Hot Illustrations for Youth Talks* (El Cajon, Calif.: Youth Specialties, Inc., 1999).
21 Corrie ten Boom with John Scherrill, *The Hiding Place* (New York: Bantam, 1984).
22 John Piper, *Let the Nations Be Glad! The Supremacy of God in Missions* (Grand Rapids: Baker Book House, 1993), p.1.

Para Fomentar un hábito de **lectura** en tu hogar, sigue estos consejos:

1. Dale importancia a la lectura y disfruta de ese tiempo con tu familia.

2. Apaga la televisión, por un momento, o cualquier dispositivo que pueda distraerlos.

3. Lee con tu familia en voz alta al menos 15 minutos diarios.

4. Lee libros edificantes como: la Biblia, cuentos infantiles clásicos, biografías, historia, etc. Tus hijos lo verán y aprenderán de ti.

5. Alterna la lectura: un día puede leer el padre, otro día el niño, la madre, etc. Hagan preguntas de comprensión.

6. Destina un espacio en casa para los libros, creen su propia biblioteca.

7. Visita con tu familia las librerías cristianas, generales y las bibliotecas de tu ciudad.

8. Forma parte de un club de lectura o crea uno.

CLC EDITORIAL

Mayores informes: Carlos David Galeano - Coordinador de proyecto
mercadeo@clccolombia - /Cel: 315 545 76 98

Estudia constantemente este libro de instrucción. Medita en él de día y de noche para asegurarte de obedecer todo lo que allí está escrito. Solamente entonces prosperarás y te irá bien en todo lo que hagas.

Josué 1:8 (NTV)

Notas

Notas

Notas

Notas

Centro de Literatura Cristiana

Diagonal 61D Bis No. 24-50
Bogotá, D.C., Colombia
www.clccolombia.com